世界文豪的那些年

虛度年華

編——虛詞@香港文學生活館

目次

虛度年華．三三

虛度年華．四六

推薦序

距離的組織

楊佳嫻

年華是否虛度——往往是年華都過了才恍然有所悟。甚麼樣的年齡是最好的時段？大把青春尚可揮霍、明日前途彷彿無限，還是日子坎坷過了大半、苦樂滋味皆有心得？歷史不能脫離年份斷定，而私史心史同樣需要一些刻度來提點。張愛玲《小團圓》中九莉文壇初出茅廬，獲得聲名了，可是有點徬徨：「歸途明月當頭，她不禁一陣空虛。二十二歲了，寫愛情故事，但是從來沒有戀愛過，給人知道不好。」九莉的感覺，算不算「虛度年華」呢？

《虛度年華》脫胎自香港線上文學雜誌「虛詞」的專欄。「虛詞」是香港文化產物但內容不限於香港文化，拈取雋永的經典與時新的議題，交錯呼應，並善用網路時空限制較少的特性，作靈巧的文化游擊。這個專欄好多名字一字排開，看上去像人物列傳；它在時間上並不連貫，見微知著，游動掃描，選擇了三個年齡刻度，二十八，三十三，四十六，作為書寫的出發點與收束點，雖然屬於後見之明，反能看清人生趑趄行進，以及個人與時代之間的互證。

全書共五十二篇文章，文學為主，旁及藝術、思想與社運；含納四十八位文化人，除了余華、村上春樹、黃碧雲、長毛和夏宇，其他均已逝世，而吳爾芙、王爾德、卡繆、胡適，出現了兩次，各有側重。以胡適為例，二十八歲正逢一九一九年，即五四發生那年，他發表了以進化觀點書寫的《中國哲學史大綱（上）》，同時把自小訂親的妻子接到北京同住，日後他被視為「新思想」和「舊道德」兼具的人物，這算早年的體現；另一篇座落於四十六歲，則著墨「由學者過渡到政治人物的角色轉變」，最後引用了他寫給妻子江冬秀的詩來談甚麼是「我」，甚麼是「自由」，也遙遙回應了二十八歲。

以簡短篇幅寫某個歷史人物，不能詳述，只能從要害切入，並且從一個側面來輻射全體。這類文章當然不稀奇，網路內容農場常見，以聳動口吻寫某某作家逸事，但往往細節有錯、推論無稽，或文學作品直接當作真事，連照片、金句都誤植，混淆讀者認知，離譜的程度足夠把九天玄女張愛玲塗抹成即沖即飲雞湯瓊瑤。因此，要把這樣的文章寫好，寫作者必須是多讀書之人，還需要能在網路資訊泥沙多於金屑中認路，先有足夠文學與歷史認知，才可能在傾注感覺之外，揀取有用資訊、判斷正確，再組織成文，引人入勝，或從不同視角察看這些引領浪潮、甚至開闢了道路的人物。

書中寫到的香港人物有四位，黃碧雲、也斯、長毛、胡金銓，臺灣人物為聶華苓、夏宇，細想全是創造時代與跨越時代劇變的先鋒人物，但選題仍然有點讓人驚奇。長毛梁國雄尤其搶眼，政治性最強（當然，梁啟超、胡適、沙特等，也掀起政治波瀾，但他們更靠近思想革新領域），與香港社會圖景緊密結合，〈長毛：八九年，讀完《資本論》〉錨定於一九八九年，三十三歲，勾勒出一張上街入獄的左翼青年知識分子畫像，而整篇文章也如同一九七〇到八〇年代末的香港政治運動簡史，窺見港、中、英三方的協商與角力。

《虛度年華》專欄文章維持一體性，還來自於結尾寫法。每個人物一生千差萬別，為免散亂，除了三個年齡刻度，總在結尾錨定一個點回看。最常選擇的錨點是代表作出版，比如〈昆德拉：生活在他方，他方在法國〉以「一九七五年，米蘭昆德拉，四十六歲，距離《生命中不可承受之輕》出版，尚有九年」來結尾；另一個錨點則是得獎，〈沙特：存在，虛無，《嘔吐》〉以「一九三八年，尚－保羅．沙特，三十三歲，距離他獲得諾貝爾文學獎，尚有二十六年」作結，有其道理，因為沙特主動放棄領這個多少作家渴望的獎，史上唯一（另一位沒領獎的帕斯特納克因政治原因被脅迫）。死亡也占了多席，〈保羅．策蘭：語言之痛，花冠重生〉收在「一九四八年，保羅．策蘭，二十八歲，距離他自溺於賽納馬恩河，尚有二十二年」，〈魯迅：亡命鴛鴦，真愛是真〉反道而行，不寫死亡，瞻望新生，「四十六歲，距離兒子周海嬰的出生，尚有兩年」，倒也能與他為下一代請命、呼籲學習怎樣做父親、扛黑暗閘門的形象連結。「距離」二字，尤其讓人感受到那些事跡、決定、行動，那些未來的未來，終將成為過去的過去，從個體的歷史變成社群的、文化的、人類的歷史。

比較特別的結尾，我想提出兩例。一是〈達利：我愛畢卡索，更愛卡拉〉，歷數妻子卡拉如何擔任他靈感的鬻浦、驅策他火山一般的創作力，結尾寫的是「一九三二年，薩爾瓦多．達利，二十八歲，距離他前往倫敦拜訪佛洛伊德還有六年」，這一年正是卡拉與前夫離婚、與達利展開新生活，他說卡拉啟蒙了他的慾望，使他創作了多幅以性為焦點的畫作——確實和佛洛依德連得上線。二是〈沙林傑，成名讓人困擾〉，末行竟是「一九五二年，沙林傑，三十三歲後他都沒有寫出比《麥田捕手》更轟動的作品」，比死亡更像句點，以為中場，其實已沒有下半場——他其實活了超過九十歲，就文學家的生涯來看，算不算另一種「虛度年華」？

本書沒有寫張愛玲，也許因為她太常上場、太多話題。讀者多有不喜她中晚年作品者，認為華美不再，金句欠奉。其實她沒有虛度年華，始終保持文字工作，並與孤獨、窺視和蚤患對抗。小說裡，九莉的年華虛度之感也未持續太久，除了母親，她生命裡另一個魔神即將以愛情之名現身。當二戰結束，上海到西方的路又通了，愛情也隨著政治氣候改換變得縹緲。經歷了戰爭、背叛、流言刷洗，記憶像荊棘刺進肩背，九莉孑然一身，大年三十，近午夜走在遠處霓虹幽幽閃爍的路上，《小團圓》寫：「黑影裡坐個印度門警，忽道：『早安，女孩子。』她三十歲了，雖然沒回頭，聽了覺得感激。」而在張愛玲自己三十歲的時候，距離她永遠離開心愛的上海，還有兩年。

（本文借用卞之琳名作〈距離的組織〉為題）

編者序

回首行樂地

網上偶見一句詩：「願有歲月可回首，且以深情共白頭」——這詩字句平白、對偶不工，只是若你興起要找它的出處，卻會發現它有兩個版本：一作「願有歲月可回首」，一作「願無歲月可回首」——這一字之差倒問出一個相當有意思的問題：到底是有歲月可回首比較好，還是無歲月可回首比較好？答案大概取決於「回首」是甜蜜還是痛苦。只是，甜蜜痛苦只怕也是共存的，一枚硬幣之兩面。無論歲月是否可堪回首，詩句始終以「深情共白頭」為篤定答案——只是想想，有所謂「情深不壽」，而風流人物也不一定能活到白頭。

生命的劇情起伏轉折，意義總是後來才知道，能否活到白頭也看命運如何播弄。那麼，在關鍵的年份，或命運的轉折來到之前或之後，偉大的人物正經歷怎樣的境遇、內心有如何的感觸？本書聚焦的是中外著名文人在特定歲數的生命故事，文人內在世界更為豐富，與外在境遇有時相反有時相承，參讀時會有更複雜的體會，與我們自身的生命有更多層次的對話。

本書中的文章，來自香港文學網絡媒體「虛詞」的專欄「虛度年華」。媒體寫作有所謂「炒稿」，即是消化資訊而重綴成引介文章，「虛度年華」就是一個編輯部炒稿專欄。「虛詞」之前結集成書的專欄就有《文學單身動物園》、《文藝星座馬戲團》；「虛詞」編輯部設欄著重有特殊的切入點，以期有趣味性的角度織裁本來可能有點沉悶的文學史料；當時，編輯部就是希望將個別文人的特定歲數聚焦放大，讓讀者可以更細緻地看文人當時的境遇，當時的社會環境，某個年份在文人的文學生命與文學史脈絡中的位置，以及他們複雜幽微的內心。是故，所有文章皆有同樣格式的句子作開首結尾：首句「某某年，某人，若干歲數。」揭開劇場帷幕；結尾則是「某某年，某人，若干歲數。距離那人的人生關鍵（如生死大關、出版關鍵著作、獲得諾貝爾文學獎名揚天下等），還有若干年。」這個對照引起抑揚悲喜之慨嘆效果不一，當時主角懵然不知，倒是讀者擁有了時間視角的制高點，讀者才能細味時間的意義——而日後再讀，讀者心境不同，感受也當不同。

本書收錄的是三個歲數，這些歲數的選擇一開始只是直覺（有點賭博成分：必須要選一個對夠多作家來說有意義的歲數才方便組稿搜集資料）——而在組稿的過程中，整體的意義才慢慢浮現出來：

二十八歲——我們最早選擇這個歲數，因為覺得青春比較美好，應該選一個三十之前的歲數，而又不像二十九那樣太具「門檻歲數」的趑趄性質。而後發現，這個歲數偏向選擇早熟型作家，他們往往是剛出版第一本書，或者快要出版第一本書，這類作家與閱讀市場的關係會較為緊密。只是，出版了第一本書，不代表心情就一定很好。整個欄目及本書的開卷第一篇，都是〈卡夫卡：每天都想離開地球〉。「虛詞」對於厭世者有著偏袒。

三十三歲——選擇這個歲數，是因為香港文化界一直有個都市傳說：一個人的三十一至三十三歲，會是飛揚提升（粵語所謂「彈起」）的關鍵歲數，如果當時不彈起，那就可能一生沉痾……那時是想用組稿來驗證一下這個都市傳說，也希望多寫文人的飛揚一面……「虛詞」也喜歡迴護飛揚者。

四十六歲——這個本是繼二十八歲之後的第二個題目選擇，然後上網一搜尋，發現原來四十六歲被稱為「人生最不幸的年紀」、「人生幸福U型的底部」，的確不少作家遭遇創作瓶頸、離婚喪親入獄等等人生困境，有些很有才華的作家乾脆活不過四十六歲，像佩索亞、李商隱、卡繆、凱魯亞克……天啊文章愈來愈沉，後來就改去組三十三歲。「虛詞」對於人生困境，也心存不忍。

所以這三章展示出來的文人生命，有些是回首叫雲飛風起，有些是忍把浮名換了低斟低唱，有些則是訣別已在眼前。有些作家會重複出現，如卡繆、王爾德、吳爾芙等，必須感恩他們可搜尋到的資料夠多夠細，而許多中港臺現當代作家則好像尚未享有同等的待遇（起碼在成稿當時）。本來還在想如果再老一點六十到七十之間，應該是哪個歲數比較有意義……但那時已經是二〇一九年了，編輯部遭遇一些大家能夠懂得的困難，整個專欄也在疫情來到前戛然而止。

在文學媒體中工作的當然是文學愛好者，為「虛度年華」撰過稿的編輯部成員包括劉平、黃潤宇、沐羽、李顥謙、黃柏熹、陳芷盈，其中多人走上作家之路，或將要成為作家。所以這些「炒稿」，其實不是ＡＩ式的硬資料整理，而是以文人看文人的主觀角度，充滿感情與評論的眼光，去統合客觀資料，寫成他們自己都算滿意的故事。文章當時不署名，現時出版也出現不知作者歸誰的撲朔迷離狀況，自然是一個雙魚座總編的海王星問題。在此感謝各位作者的辛勞，《易經．泰卦》說「翩翩不富以其鄰」，翩翩乃言鳥群飛舞、呼朋引伴，而「不富以其鄰」是指不被財利驅引，而是以志趣、理念來驅使。祝大家在文學路上，歲月長，衣裳薄；回首行樂地，明日隔雲山。

虛度年華・廿八

卡夫卡

每天都想離開地球

Franz Kafka

一九一一年，弗蘭茲．卡夫卡（**Franz Kafka**，臺譯法蘭茨．卡夫卡），二十八歲。

不是所有作家都以文學作自己的志業——二十八歲的弗蘭茲．卡夫卡，還未寫就第一本作品《沉思集》，而是與妹夫卡爾．赫爾曼（**Karl Hermann**）合伙，營辦在布拉格的第一家石棉工廠。那年的他，已因為枯燥的工作與無法寫作的焦慮，每個星期天都無所事事地在公園散步，大叫：「我每天都想離開地球。」

「枯悶、荒謬、死板」是他用來形容工廠監工與管理工作的形容詞。他更怨恨自己：為甚麼如此低估工作蠶食寫作的威力？為甚麼不抗議他人提出的工作要求？為甚麼要以規律工作來滿足威嚴的父親赫曼．卡夫卡（**Hermann Kafka**）？在《沉思集》裡的一篇故事〈乘客〉，卡夫卡就表達出這種生而為人，沒有落點的痛哀。「我站在電車的一端，在這個世界裡要找到我的一個位置，實在是沒有把握；在這個城裡，在我家裡，也是這樣。」

此時，卡夫卡的身體狀況亦響起了警號。因為私生活不檢點，毒素纏身，積聚諸多毛病。就在同年，一次往瓦恩施多夫的出遊中，卡夫卡認識了一個信奉「自然療法」的工業家，從而意外地得到一個抒解鬱躁的方法。從那位工業家的觀察而看，卡夫卡的喉嚨突起，顯示毒素從骨髓累積向上，正朝大腦方向衝去。若不改正生活習慣，奉行「自然療法」，卡夫卡必然命不久矣。而工業家提出的「自然療法」，即以不肉不酒，素淨的飲食習慣過活。這樣，「病人」便能成為一個新造的，健康的人。

根據卡夫卡生前摯友，即那位違反燒掉手稿囑咐的馬克斯．布洛德（Max Brod，臺譯馬克斯．布羅德）所說：一九一一年五月，身體不佳的卡夫卡拜訪了他。以下是布洛德對卡夫卡狀況的描述。

卡夫卡非常弱，感到身體非常糟；他的胃鬧病了；他根本不能出門，他痛苦極了。

即使如此，卡夫卡還是強調了「自然療法」比醫生藥方合理正道的論點。他還以素食主義者的角度解釋《聖經》，強調素食的必要性。他說：「摩西領著猶太人穿愈曠野，為的就是使他們在這四十年來成為素食主義者。」

為甚麼卡夫卡如此迷信於「自然療法」的作用？我們或可在《沉思集》中的另一篇短篇〈衣服〉找到原因：

精緻的衣服保持了不多久，要起皺紋，要招塵土，不再平整，服飾變得粗糙，而且去不掉。然而並沒有人為此發愁，並且也不以此為可笑。

卡夫卡對世間各種事物，無論衣服、父親、工作、寫作、身體以至靈魂，都有近乎病態的，一種達到「平衡」境況的執迷。在他眼中，人一旦偏重任何一方，便會招致毀滅性的失衡。

根據這套邏輯：面對殘舊了的衣服，世人應對之產生應有的情感，即沉重的哀愁，或輕浮的嘲諷；面對父親，卡夫卡也應該同時懷有反叛不屈與敬畏順從的態度；所以，他也相信「文學與工作應該分開」的道理。在二十三歲（一九〇六年）法學博士畢業時，卡夫卡已經有著從事非文字工作的想法。一方面，他不容許工作玷污藝術的純粹性；另一方面，他不希望工作狀態受到創作的干擾。因此，他選擇當法律助理、保險公司員工，也會難以理解地，作出與妹夫合伙辦工廠的選擇。

當卡夫卡在生活中、寫作中的實驗徹底失敗，他便屈服在工作的日常裡，又被寫作的失語煎熬；他唯一可做的，便是把他「平衡」的精神貫徹到在自己身體的料理方式，與自然萬物的相處狀態之上。

我終於能夠平靜地觀察你們。因為我再也不會吃你們了。

因為「自然療法」，不肉不酒的卡夫卡，站在柏林一水族館的魚箱面前，以近乎演員的口吻，向著無思考能力的魚群證明：自己終於是一個妥善地在平衡上行走，無可挑剔的人。

一九一一年，弗蘭茲．卡夫卡，二十八歲。距離他出版第一本著作：短篇故事集《沉思集》，尚有一年。

太宰治

生而為人，我很抱歉

Dazai Osamu

一九三七年，太宰治，二十八歲。又是自殺失敗的一年，這年他吃安眠藥。

這是他第四次自殺了，春天他攜著結識十多年的藝妓小山初代到群馬縣的水上溫泉，與她一同吃安眠藥自殺，自然是不成功，雙雙獲救。這是太宰最後一次自殺不遂，多年以後的第五次，他終究是成功溺斃在河水之中。而在二十八歲的這次自殺，他所作伴的這位小山初代，是他的初戀對象，也是他的第一任妻子。然而，太宰是發現了初代與他的表弟有染，就帶她到水上溫泉一同自殺，希望一同了結生命，也了結生前如此這般無奈、放蕩而令人失望的生活。失敗以後，他們從此分開。

我們所熟知的「生而為人，我很抱歉」這句話，其實是一九三七年出版的《二十世紀旗手》的副題，而不是媒體或出版社所宣傳的來自《人間失格》。第四次自殺未遂的太宰治也許覺得萬念俱灰，就從此掐熄了自殺的念頭。只不過雖然是不再自殺了，所延宕苦惱的餘生，仍是對大家「非常抱歉」。十一年後他終究成功的那次自殺，按照另一位無賴派作家坂口安吾在〈太宰治殉情考〉裡的推論，他是喝得太醉才答應當時女伴的邀約自殺，太宰治根本不愛這個女子，結果卻是一去無回，結束無賴的一生。

但前四次自殺究竟是出於甚麼原因？文學研究者會將太宰治的一生置放到整個日本社會脈絡裡，太宰的童年時值一次大戰時期，青春時期正值日本的左翼狂潮，而對他衝擊極大的一個事件，是文豪芥川龍之介的自殺。太宰由高中時期就相當鍾愛閱讀芥川的作品，但沒過多久後就傳來芥川吞安眠藥自殺的消息。此後，太宰因個人的出身富貴與他所信奉的左翼思想衝突，又縱情於酒色之中，與不同女性試圖結伴自殺，頹廢浪蕩的行為始終導致他被家族開除。

以叔本華的概念來講，只要人的想像力不超出自身的實際欲求，或者想像力與實際欲求都不超出人的行動能力時，人就可以感到自由。那就是說，人可以從兩個方向建立並維持這種均衡，要麼削弱這種欲求和想像力，要麼就擴大自己的行動能力。如果是這樣，太宰治的一生大概很少感受到自由，反是常覺處處碰壁。他渴求左翼思想並希望實現它，但他出身富貴；他憧憬著法國文學，但卻以不懂法語的狀況下進入了帝國大學法文系；他希望以文學來實現自我，但能力不足，連續三屆落選文學大獎「芥川賞」。還有更多的證據可以推論出他的自殺原因，就是這些斷斷續續卻一以貫之的生活壓力，從四方八面給予太宰治失望與打擊，終究導致他在生命尾聲寫下了「人間失格」這樣的主題。所謂的「失格」，就是社會學家涂爾幹所定義的「失範」，太宰看不見自己在社會裡應擔當何種角色、應站在哪個位置上，是以自認為失去當人的資格。

回到太宰的二十八歲，這年他自殺失敗後決定與初代道別，並開始專心寫作，並很快的因為《女生徒》、《奔跑吧梅洛斯》等作品大獲好評，奠定了作家的身分。常說大難不死必有後福，太宰的四次大難終於讓他寫出優秀作品，不得不說是前期的放浪，讓太宰得以在文學裡容易收集到不同特殊的材料，也使得他在日本文壇裡開出一朵無賴的小丑之花。假如說芥川的遺書就是他的絕筆〈某阿呆的一生〉，那太宰的《人間失格》，也是日本裡〈某無賴的一生〉。

一九三七年，太宰治，二十八歲。距離《人間失格》出版，尚有十一年。

余華

二十八歲出門遠行

一九八八年，余華，二十八歲。

「柏油馬路起伏不止，馬路像是貼在海浪上。我走在這條山區公路上，我像一條船。」小說〈十八歲出門遠行〉的開頭，曾經勾起太多讀者對於搖蕩不定的青春的回憶。而我們不知道，一九八七年坐在案臺前寫這小說的余華是否也預見到，兩年後他將成為自己小說中的主角，踏上離開家鄉浙江海鹽、去往北京的長途。

二十八歲離家遠行，現在看來已經算很晚了；但對於當時的余華而言，遠行意味著放棄家鄉穩定的工作，開始一樁無人知其前景如何的、名為「先鋒寫作」的事業。早在一九七八年，余華高考落榜後，就曾聽從父母安排進入海鹽當地的衛生院，一連做了六年牙醫。後來回憶起這段醫生時光，余華還仍會抱怨：「我實在不喜歡牙醫工作，每天八小時的工作，一輩子都要去別人的口腔，這是世界上最沒有風景的地方，牙醫的人生道路讓我感到一片灰暗。」（雖然現在牙醫是令人艷羨的工作，但要文藝男青年每天擺弄陌生人的牙齒，實在難為了他。）

到了一九八三年尾，余華終於擺脫了牙醫的工作，調職到衛生所對面的「海鹽縣文化館」，此後便有機會四處奔走。他曾短途去過杭州，在大城市的書店裡收穫心儀的卡夫卡小說集；也曾到北京參加過《北京文學》的筆會，〈十八歲出門遠行〉一文就是在此受到評論家李陀的盛讚；更因工作關係與作家趙銳勇一同遊歷長江沿線城市……然而以上所有都是旅行，兜兜轉轉之後余華總會回到海鹽老家；一九八八年，余華前往北京讀研究所，而這一次出行就沒有明確的歸期了。

八〇年代末期，中國當代先鋒小說經歷一次能量爆發，蘇童、閻連科、莫言等作家陸續發表了轟動一時的作品。這現象不僅是由作家的個人天賦引起的，更與作家們之間的交往、產生的化學反應有關。當時魯迅文學院與北京師範大學聯合舉辦了創作研究生班，余華在二十八歲離鄉北上，正是為了讀此課程；而在讀期間，他與莫言、劉毅然等作家成為同學。

後來余華回憶起讀書的日子，記憶猶新。他與莫言當了兩年室友，據說兩人中間隔了一個有縫的櫃子，莫言特意找掛曆遮擋住彼此偷窺的縫隙，兩人才得以安心寫作；《酒國》寫成之後，各大出版社因內容敏感而拒絕出版，也是余華四處奔波尋求方法。此外，作家馬原也常常來探望余華，借住於余、莫二人宿舍裡，通宵達旦地聊文學。這樣的氛圍之下，怎麼可能不瘋狂寫作？單是一九八八年間，余華就在《北京文學》、《收穫》雜誌發表了《現實一種》、《世事如煙》等重要作品。後來在訪問中回味而立以前的年華，余華也不禁感歎道：「那真是一個很美好的時代。」

離開故鄉，也是更接近想像中故鄉的一種方式；遠行之中，視野從縣城到大城擴張，也從大城返歸縣城、凝聚於自身之上，於此意識到故鄉、方言對於文學寫作的重要性。在自傳中余華表白道：「雖然我人離開了海鹽，但我的寫作不會離開那裡。我在海鹽生活了差不多有三十年，我熟悉那裡的一切，在我成長的時候，我也看到了街道的成長，河流的成長。那裡的每個角落我都能在腦子裡找到，那裡的方言在我自言自語時會脫口而出。我過去的靈感都來自於那裡，今後的靈感也會從那裡產生。」獨特的故鄉記憶碰上一個美好的時代，是巧合，也是種文學的註定。

一九八八年，余華，二十八歲。距離《活著》出版，尚有五年。

三島由紀夫

Mishima Yukio

從禁色啟航

一九五三年，三島由紀夫，二十八歲。

尚未是我們所熟悉的三島，還未如此健碩，也並不相當激進。這年夏天，新潮出版社出版了全六冊的《三島由紀夫作品集》，就在出版社為他舉辦的慶祝會上，川端康成亦有出席，那年，他尚未知道他們日後將會成為畢生摯交，更不可能猜到自己會因為三島的切腹自殺，而激起尋死之心。川端也許只會覺得，這個二十八歲的青年前途無可限量，當安部公房、大岡昇平等成名作家都尚未出版作品集時，三島已捷足先登，在文壇享負盛名。

但是，儘管成名甚早，儘管出版了結集，儘管他作為「三島由紀夫」，他仍然並不喜歡自己。早期的他充滿自我懷疑，他寫過「依然努力地往返於幸福的山頂與憂鬱的深谷之間」等句子，無論是精神還是身體也出現毛病。二十五歲的他覺得自己無論如何都要離開日本，到世界的其他地方看看，離開這個籠牢。於是，一九五一年末他帶著胃病與精神壓抑坐上郵輪，遠航至歐美：「我深切地感到必須到外國旅行。總而言之，一種情緒催促著我：我得離開日本，敞開自己的心靈，重新發現自我。」

那是後來的我們所熟知的，三島著名的希臘之旅。他在那裡猶如尼采般挖掘了古希臘藝術的美好，並自創了一套美的哲學：創作美好的作品與使自己成為美的化身，其實是出於同樣的精神土壤。在希臘，他下定決心要把自身變得更「美」，當然我們並不清楚他的胃病甚麼時候康復，但這段旅行卻肯定是他後來頻頻健身，練出一身精壯肌肉的原因。也是他寫下充滿日本之美與力量的《金閣寺》、《豐饒之海》四部曲等作品的精神來源。

結束旅行回來已是一九五二年，他那時感覺早期的創作階段已經結束，而一片廣袤的未來正如田野般平鋪在他的眼前，等待他去征服。然而，由於以前積累了不少的靈感與未結束的創作，使得他的轉型拖延了一年才得以執行。那正是他的二十八歲，重整旗鼓，以一部《禁色》將自己的早期結束。

在前往希臘前，他已出版了《禁色》的第一部曲，講述老年作家俊輔利用一個英俊的男同志悠一向自己憎恨的幾個女人報復的故事。《禁色》的故事情節從悠一眼中展開，而悠一與三島本人亦有頗多共通點，比如出入同志酒吧，除了男性以外也喜愛女性等等。只是三島愛的更多是男人，是如若古希臘雕像般比例完美的肌肉與俊美。在旅行結束後一年就在他的二十八歲，《禁色》第二卷刊出了，就在作品集面世前的幾個月，他在作品裡賜死了其中的操縱者老作家俊輔，作為他奔向作家生涯下一階段的轉捩點。

此後，三島嘗試著轉型，放下了早期對於性病態與人性陰暗面的關注，著手書寫其名作《潮騷》，這部作品在一九五四年成為了暢銷書，甚至得到政府文部省列為推薦閱讀作品，他將希臘旅行裡所獲得的感悟寫進小說：當中的男孩女孩作為一對勞動者，排除萬難獲得了圓滿的結局。但由於作品過於暢銷，其文學性又不足以得到評論界的重視，三島也開始思考這段轉型是否可以通往更美好的地方，於是，才開展了後期創作的諸多面向。也就在這段時間，他開始從社會事件與日本文化中取材，他首先集中處理的，正是一九五〇年發生的金閣寺縱火事件。

一九五三年，三島由紀夫，二十八歲。距離《金閣寺》面世，尚有三年。

卡繆

Albert Camus

自由之始

一九四一年，阿爾貝．卡繆（Albert Camus），二十八歲。

如果將阿爾貝．卡繆的一生分成幾個階段，二十八歲的他，剛好踏在「荒謬期」與「反抗期」的界線之上。這位最年輕的諾貝爾文學獎得主，以他的「荒謬」哲學最廣為人知，荒謬之後又導向「反抗」與「自由」等等超脫的概念，然而，在文學家的身分下，卡繆首先是一名記者。

一九四〇年，卡繆從阿爾及利亞移居巴黎，為《巴黎晚報》擔任編輯部秘書，儘管當時巴黎正籠罩在戰爭醞釀的低氣壓中，鼻尖底彷佛瀰漫一股硝煙味。卡繆前往巴黎，有說是受到阿爾及利亞政府驅逐，因為他在幾份當地報紙裡的行徑，早就被當局視為眼中釘——他主張阿拉伯人能與歐裔享有同等政治權利與薪酬待遇；又揭穿阿爾及利亞北部卡比利亞地區的貧窮狀況；不只一次幫助那些被誣陷欺壓的人追討正義。

卡繆的正義感為他豎立不少敵人，最後落得被封殺的下場，於是他寫信告訴他的拍檔帕斯卡·皮雅（Pascal Pia），他要去巴黎。一九四〇年三月十四日，他登上前往馬賽的船，而在他的行李箱中，收藏了一部即將驚艷文壇的著作。

抵達巴黎後，他整天躲在房間裡寫作，一邊聽窗外傳來的聲音，他在筆記寫道：「陌生，我承認只覺得一切怪怪的，一切陌生。」戰爭的陰影將這座城市置於一種詭異的氛圍下——街上的巡警隨身攜帶防毒面具、晚上車輛的車頭燈因為被藍色燈罩蓋住而發出詭異的光——「假戰」（Phony war）狀況持續至四月。而他在五月完成了《異鄉人》。

《異鄉人》屬於「荒謬三部曲」之一，「荒謬三部曲」由小說、戲劇與論述組成，劇本《卡利古拉》早於一九三八年寫就，現在小說《異鄉人》完成，卡繆也沒有停下來，馬上動手撰寫《薛西弗斯的神話》。似乎戰爭並沒有對他的寫作計劃做成多大的影響，事實上，「荒謬三部曲」裡每一部作品都沒有花費他太長的時間。

那時候他還未知道這本小說會為他帶來多大的名聲，他只是如實地寫下他對世界的荒謬感受，卡繆從來不採取逃避手段，他的哲學一點都不消極，而是對荒謬境況的正面迎擊。那是在兩次大戰之間如雨後春筍一樣冒出的存在主義文學，雖然卡繆有時反對這個貼在他身上的標籤。於是在一年之後，他二十八歲，《薛西弗斯的神話》也宣告完成。同年的十二月十五日，他目擊法國共產黨的政治人物與記者卡布里埃．貝里（Gabriel Peri）被德軍處死，這件事在他心內埋下了苗頭。

他在日記裡寫道：「《薛西弗斯的神話》脫稿，三荒謬完成了，自由之始。」

事實上是反抗伊始。在他把《異鄉人》與《薛西弗斯的神話》出版後，城內一紙風行，也令西蒙波娃與沙特等人留意到他的存在，下一年他加入地下報刊《戰鬥報》，以筆代槍，開始了他反抗納粹德軍的地下活動。

一九四一年，阿爾貝．卡繆，二十八歲。距離他獲得諾貝爾文學獎，尚有十六年。

夏宇

遠走高飛，目中無人

一九八四，夏宇，二十八歲。

十五歲那年，一古怪孤僻的女孩黃慶綺，替自己取了「夏宇」這個筆名，為了在《國語日報》投稿賺稿費。那時她以自己的古怪自得其樂，總是最晚到達派對又最早離開；直至現在，夏宇依然是個神秘的詩人，她拒絕拍照，不想成為公眾人物，不想在路上被認出，關於她的私生活少有人知。

一九八四年，夏宇第一本詩集《備忘錄》面世，「以一種笨拙的手工藝辦法出版」，從送打、編排、開本、到封面設計及插畫一手包辦，自資印製五百本。在將書自行送到一些書店寄賣後，夏宇在出版翌日即遠走高飛到美國去，對第一版的《備忘錄》之銷清一無所知，一年後回來，收不到書款、帳單全丟了，詩句卻被人一再引用。那時她感覺自己是個「地下詩人」。

再版的《備忘錄》也迅速銷清，登上某書店暢銷排行榜一〇八位，對此夏宇表示「非常尷尬」。更尷尬的是，書中名作〈甜蜜的復仇〉，開始以一種誇張的美術字體，寫在筆筒、雜誌架和椅墊上，「造成一種極為廉價的休閒文化氣氛，大量出售。」對此，夏宇第一個反應是：「是誰呢？節奏感這麼差，把原來的斷句方式完全破壞了」。她抱怨：「所有理想失敗的原因，是不是因為總是有一個傢伙忍不住要把甚麼做成椅墊？」

從《備忘錄》已可窺見，夏宇之後將出版作為一種美學衝擊行動的模式：傾向自資，傾向尖新的設計與出版樣式（設計形式就是內容的一部分），會帶動銷售潮流，在創造市場的同時維持一種反消費的據高點，始終有種嬉戲般的前衛性格。

《備忘錄》現已成為傳奇，市場上炒到天價，影印本、手抄本在各個時代都有流傳。論者多認為，《備忘錄》的革命性在於表現了一種嶄新的女性詩學；如奚密認為，夏宇詩作雖然多以愛情為題，卻摒棄了傳統的性別模式，因而突破了傳統的抒情詩風格：「她的意象既是日常的、平凡的，也是荒誕而詭奇的，她的語氣既是平淡低調的，也是矛盾而充滿張力的。其作品的取向全然是反（通俗意義上的）浪漫主義的。」鍾玲亦以夏宇重寫神話的〈姜嫄〉去說明夏宇女性主義意識的兩個面向：對女性性慾的描述和對中國古代母系社會的描述。

也有人以後現代的意義解構與遊戲性質去理解夏宇，而奚密則進一步堅持這種遊戲性質並非全無意義，而是把女性的創造力與語言的創造力連結起來，成為一種對父權結構的顛覆力量。而夏宇對此的回應是：「女詩人」三個字還不夠有意思，必須顛覆的是對於兩性的性別預設；她覺得，發明女性專用的髒話，比較有意思。

始終每個年代都會有人覺得讀不懂《備忘錄》，但現在我們會覺得裡面有許多詩都有著簡單直接的力量。比如〈野餐——給父親〉是寫父親的葬禮，裡面女兒是早熟的，像成人一樣解說「生命無非是苦。」父親則如小孩，由懼怕，到安靜，悲傷的葬禮被比喻為童年遊樂的野餐。〈上邪〉諧擬古樂府盟心之曲，描寫宗教與戰爭、上帝的沉默、情人在上帝死去後開始踏實平凡的生活，路上鋪滿晴朗的鴿糞。

〈南瓜載我來的〉改寫灰姑娘與睡美人童話，情人從童話之崩潰中走向疲憊溫柔的日常生活，序詩一開始就敲中現代女子心房：

「根據童話，」他說
「你不應該是一個如此
敏於辯駁的女子。」
（…）
「可是我已經
前所未有的溫柔了。」
我說

長詩〈乘噴射機離去〉是受到楊牧所激，夏宇誓要寫出一首悲傷的詩，起先是很短很悲傷的四十幾行，完成後在六度謄寫中增至一百三十多行，又變成一首好玩的詩了。夏宇表示很希望這首詩能被唱出來，配以簡單的樂器，吉他、木琴、手風琴之類。後來，歌手陳珊妮完成了這件事。那時已經是一九九五年，夏宇已經成為大學生圈中的文化偶像。再後來，「夏宇風」像無可治癒的感冒那樣，感染一整代逾十年的年輕詩人。無數人的模仿，始終不曾減損大家對夏宇本尊的熱愛。連林日曦，都曾在《號外》介紹過夏宇。

一九八四之後的一年（夏宇是射手座，一九八五年她應該仍是二十八歲），夏宇開始使用筆名李格弟寫歌詞，以攢取生活和出國費用，並發揮她喜歡押韻的天性。第一首作品是為歌手李祥泰寫的〈告別〉，本來是先有曲再找她填詞，但夏宇是個節奏感極好的音盲，寫出來的作品完全不能唱，於是李祥泰為歌詞重新譜了曲子。夏宇說自己那時「目中無人」，「只是不知天高地厚。」李格弟此名來源：格弟是夏宇的洋名音譯，李是跟李祥泰姓。後來她還使用童大龍、李廢等筆名。

一九八四年，夏宇，二十八歲。距離她的第二本詩集《腹語術》出版，尚有七年；距離陳珊妮《乘噴射機離去》大碟上市，尚有十一年。

馬奎斯

枯枝敗葉，魔幻青春

Gabriel José García Márquez

一九五五年，加西亞．馬奎斯（Gabriel José García Márquez，臺譯賈西亞．馬奎斯），二十八歲。

二十八歲的馬奎斯，表面上是屬於哥倫比亞首都波哥大的《觀察家報》的明星記者，另一方面，他的短篇小說也已經聲名大噪。一九五五年五月，四易其稿的《枯枝敗葉》終於得到出版，是他的第一本個人著作；同年七月，他被《觀察家報》派駐歐洲羅馬，這是一份優差，他得以大量參加歐洲的電影節，是一場各種意義上的朝聖之旅。這一年的馬奎斯，整體心情應該不錯。這一年的十二月底，他到達巴黎，則將迎來他人生中最窮困的歲月。

一九二七年三月六日，出生於哥倫比亞海邊小鎮阿拉卡塔卡的馬奎斯，在幼年他的外祖父教他科學與現實，同時他聽盡了深信鬼神的外祖母給他講的鬼故事。馬奎斯的詩歌啟蒙是八歲，一位女教師在課上向他朗誦詩歌；在十六、七歲的青春期，馬奎斯首先是個詩人，「黃金世紀」詩歌與「石頭與天空」派詩歌運動對他影響尤大。十七歲寫出第一篇短篇小說〈無法擺脫的精神變態〉，二十歲時第一篇小說〈第三次無奈〉正式發表在《觀察家報》。

受到貧窮的詛咒

上大學時馬奎斯讀的是法律系，而他在讀到卡夫卡《變形記》時深受啟發，開始大量閱讀小說。馬奎斯在二十出頭已在試圖寫第一部長篇小說《家》，但這個作品與他之間不知存在甚麼問題，經年都無法完成，反演變成他許多作品的源頭，其中當然包括《百年孤寂》，也包括《枯枝敗葉》。

《枯枝敗葉》重寫四次，歷時至少七年以上，單看這個程度的投入，簡直讓人錯以為作家一生就是為了寫成《枯枝敗葉》。當然，後世的評論是：《枯枝敗葉》乃是孕育《百年孤寂》中的魔幻小鎮馬康多的諸多作品之一。同時，那個殘忍地掠奪、吸吮馬康多的「香蕉公司」，在《枯枝敗葉》中也已經登場了。不同版本的《枯枝敗葉》曾經多次被出版社退稿，在馬奎斯於巴蘭基亞當記者、因筆耕而生活拮据時，裝有《枯枝敗葉》草稿的皮夾常被用作給居處門房小費的抵押。但馬奎斯的豪語是：「從寫《枯枝敗葉》的那一刻起，我要做的唯一一件事，便是成為這個世界上最好的作家，沒有人可以阻攔我。」

「枯枝敗葉」是隨著香蕉公司來到馬康多小鎮的，「枯枝敗葉」改變了馬康多，它們是「一堆由其他地方的人類渣滓和物質垃圾組成的雜亂、喧囂」的「內戰的遺物」。「枯枝敗葉冷酷無情。枯枝敗葉臭氣薰天，既有皮膚分泌出的汗臭，又有隱蔽的死亡的氣味。」顯而易見，這是某個人群，指向某段歷史，同時又是某種素質，作家展現了高超綿密的組織力，並以鮮明的意象一針見血出之。但在我們讀過多重敘述聲音及平淡中見鋪墊的作品之後，仍然會被這個具有高度概括力、意象與敘事力都同樣強大的序章深深攫住記憶。洋溢腐爛的味道的，原來也是青春。

現實不抵抗魔幻

二十一歲的馬奎斯經歷了「波哥大事件」，當時自由黨左翼領袖、總統候選人豪爾赫·埃列塞爾·蓋坦在公開演講中被刺殺，引發全國性的暴力衝突。馬奎斯是在暴力事件的背景下涉足新聞業的。他很輕易就成為明星記者，產量與質素都受讚譽；同時記者工作也讓他有頗長時間相當拮据，而青年馬奎斯好像從來沒有考慮過關於錢的事。一九五四年馬奎斯重返波哥大，前往《觀察家報》，當時此人衣服顏色刺眼、面色蒼白、唇髭過長、眼球突出、身體消瘦，幾乎讓當時的報社社長卡諾看不起他。引薦人穆蒂斯堅持馬奎斯是前所未見的優秀，幾日後卡諾承認了這一點。

此後，靦覥的馬奎斯依然清瘦而臉色蒼白，修好了唇髭，沒有再穿顏色刺眼的衣服，真正地變得毫不起眼。但他抽煙兇猛，同時已經是報社裡的明星記者了。從進報社的第一天起，馬奎斯就參與寫作社論的欄目，而他在這個欄目始終實驗著如何篩選和練習駕御他的文學題材：「愛情與死亡、孤獨與思鄉，權力和權力的孤獨，初始的時間與時間的流動和停滯，作為地球的世界與漫長的旅行，以及包含於上述主題裡的對日常瑣碎的終極超愈」。（達索．薩爾迪瓦爾，《馬爾克思傳》）稍有空間，他就在不知第幾次苦苦修改《枯枝敗葉》，直至一九五五年終於出版。

《枯枝敗葉》首版版權頁上的正式印數是四千冊，但實際上只印了一千冊，在金錢交易上可稱胡塗混帳，彷彿受了詛咒。要到四年後一九五九年的哥倫比亞圖書節，《枯枝敗葉》再版真的印刷一萬冊，馬奎斯才正式首次拿到此書的版稅。在此，扮演關鍵角色的始終是，作品出版後在文學界內的高度讚譽。馬奎斯因為受共產主義思想影響，仍有一段時間的寫實主義嘗試——共產黨人認為《枯枝敗筆》的魔幻筆觸和抒情風格無助了解哥倫比亞當下現實——魔幻的放任自由是在寫作《百年孤寂》時才得以完全恢復。馬奎斯的信念是，作家與現實之間，不能是排他的教條式關係。這樣走過放浪魔幻的青春，同時從事關懷現實的新聞業，而後，魔幻寫實的辯證互融，將在《百年孤寂》中完整展開震懾人心的高度。

一九五五年，加西亞．馬奎斯，二十八歲。距離《百年孤寂》出版，還有十二年。

尼采

Friedrich Wilhelm Nietzsche

悲劇的誕生

一八七二年，弗里德里希·威廉·尼采（Friedrich Wilhelm Nietzsche），二十八歲。

二十八歲是尼采在德國古典文字學界身敗名裂的一年，卻又是哲學家事業啟始的一年。如果要理解尼采的二十八歲在做甚麼，必須先從他所感興趣的學科說起。

尼采的學術經歷過兩次轉向，第一次是從神學轉移到古典文字學。尼采自小就是天才，也被家人寄予厚望，他的中間名威廉（Wilhelm）與當時的國王威廉四世同名，巧合地他們連生日都是同一天，父母希望尼采日後可以成為出色的神學工作者，而且尼采從小就是個天才學生。然而，尼采在大學時期受到青年黑格爾派的影響，開始懷疑神學，最終決定放棄神學而轉向古典文字學。

轉向古典文字學的另一個原因，以尼采的話說來，就是他需要一些規律性的學術活動，來約束自己藝術上起伏不定的情緒。他自中學就開始讀拉丁及古希臘文，在大學時期更能堪稱專家。他在萊比錫大學拜拉丁文教授李秋（Friedrich Wilhelm Ritschl，臺譯李契爾）為師，李秋極為賞識尼采，甚至在他二十四歲之時就推薦他到瑞士巴塞爾大學當教授，李秋在推薦信裡寫道：「如果上天讓尼采活得夠長的話，我可以預言，他會有一天成為德國古典文字學界的佼佼者。……他簡直將會想做甚麼都可以做到。」（黃國鉅譯）

然而，當《悲劇的誕生》在尼采的二十八歲之年出版後，就連李秋都給予尼采負評，因為《悲劇的誕生》與當時德國著重考證的古典文字學路數完全不同，《悲劇的誕生》是一部哲學作品，尼采通過這部作品向叔本華致敬，並肯定希臘悲劇的積極正面意義，這是尼采從古典文字學向哲學的一次轉移。此後，書中「酒神」與「太陽神」的一組對比概念就貫穿了他日後的作品，意思當然不是說這兩號人物會重複出現，而是代表著生機、無序、動力、運動的「酒神概念」，此後化身為「查拉圖斯特拉」，作為批判科學的秩序與僵化固定的化身。

美國哲學家馬歇爾．伯曼在他的著作《一切堅固的東西都煙消雲散了》裡提到，二十世紀兩個對現代化批判得最深刻的作家，一個是馬克思，另一個就是尼采。當學者將尼采與現代主義連接在一起時，就經常會舉出《上帝之死》來論證神學只不過是學科建構、《道德系譜學》的詞源系譜研究方法、《不合時宜的考察》對於現代性的反思等等。但其實在尼采二十八歲時出版的《悲劇的誕生》，就已在反思太陽神阿波羅所象徵的秩序、進步、理性與希望，也就是十八世紀以來的現代主義理性傳統，尼采想要批判的，就是這種對於理性的盲目崇拜。而人應該回歸的正是酒神狀態，從無序與瘋狂中檢視，「人」究竟是甚麼東西。

但先知總是孤獨的，尼采的二十八歲過得並不算如意，他的導師李秋公開批評尼采背叛了他的母親（古典文字學）、他過往的崇拜者，一個比他年輕四歲的文字學學生默倫多夫（Wilamowitz-Moellendorff）公開批判尼采「強暴了歷史事實與所有歷史研究方法」（rape of historical facts and all historical method），此後尼采的課堂變得冷清，也被古典文字學界排斥杯葛。但他並沒有放棄哲學的研究，反而愈戰愈勇，接下來幾年寫下幾部研究現代思潮時不能錯過的經典，輯錄成《不合時宜的考察》，一八七八年又出版了《人性的，太人性的》，可以說他的哲學之路沒有受他人的質疑而中斷過。尼采的路，是查拉圖斯特拉的路，並告知世人：「如果你想走到高處，就要使用自己的兩條腿！不要讓別人把你抬到高處；不要坐在別人的背上和頭上！」

一八七二年，尼采，二十八歲。距離《查拉圖斯特拉如是說》出版，尚有九年。

杜魯福

François Truffaut

《四百擊》之後

一九六〇年，杜魯福（François Truffaut，臺譯楚浮），二十八歲。

前一年，杜魯福才剛拍出處女作長片《四百擊》（The 400 Blows），隨即摘下康城影展最佳導演獎，風華正茂。在一九五八至一九六一年間，《電影筆記》（Cahiers du cinéma）五虎（其餘四人為查布洛〔Claude Chabrol〕、尚盧高達〔Jean-Luc Godard〕、利維特〔Jacques Rivette〕和伊力盧馬〔Éric Rohmer〕）相繼完成首部長片，一代年輕導演紛紛在國際影壇上搶盡風頭，新電影的驚世魅力席捲影癡眼球。傳媒輿論後來稱之為「法國新浪潮」，餘下的都是一頁頁青春不滅的電影史。

「沒有浪潮，只有大海。」查布洛這樣形容他們一夥人的電影。他們早年皆在《電影筆記》寫影評出身，在雜誌創辦人安德烈巴贊（André Bazin）的精神庇蔭下，發表大量破舊立新的文章，奠定新電影的作者論基礎。其中一篇重要文章〈法國電影的某種傾向〉（A Certain Tendency of the French Cinema）就是青年杜魯福所寫的。

個性溫文害羞的杜魯福，執起筆桿頓成巴黎最嚴苛的影評人：他把法國當時流行的導演批評得體無完膚，直指他們把文學劇本硬生生搬進鏡頭，只懂拍出陳腔濫調、空洞無物的電影。

這些青年不是愛出風頭打嘴炮而已，還真的著手籌備資金拍攝短片，運用鏡頭印證自己堅信的理論。哪怕沒有片廠資源和星級演員，乾脆帶著十六釐米攝影機走到街上，鏡頭下的巴黎便是我們的。一切純屬美麗的巧合嗎？就在三數年間，這群同仁各自拍出風格迥異的作者電影，無形間匯集成一股狂潮奔流入海。

是的，就如《四百擊》裡那個由尚彼亞里奧（Jean-Pierre Léaud）飾演的少年安坦但奴（Antoine Doinel），長鏡頭下一口氣從感化院奔跑到海邊，為了逃脫成年人設下的種種規範教條。年少敏感的心靈還未知彼岸在哪裡，畢竟面向無邊的自由，心情是孤獨不安的。杜魯福就以安坦一臉惆悵面向觀眾的凝鏡結束全片——堪稱電影史上最令人徹底心碎的回眸，如泉湧般豐富真摰的情感，只有大海知道。遺憾的是，安德烈巴贊在一九五八年去世，這位儼如杜魯福生父的良師益友，永遠看不到愛徒如斯動人的處女作，亦聽不見翌年康城傳來的驚嘆歡呼聲。

拍過向巴贊寫實理論致意的生命之歌《四百擊》，二十八歲的杜魯福出乎意料地轉向類型電影，拍出最具玩味和創意的《射殺鋼琴師》（Shoot the Piano Player）。劇本改編自美國作家大衛高迪斯（David Goodis）的硬漢派偵探小說（Down There），當時他的作品已被多次改編成電影。杜魯福對高迪斯的小說評價頗高，稱其「超越一般的黑幫故事而成為童話。」尤其使他著迷的是，無論發生甚麼情節，謀殺也好綁架也罷，故事中的男人只會談論女人，而女人也只會談論男人——果真是情癡杜魯福心中的童話世界。據杜魯福所說，他想要拍的是「一齣沒有主題的電影，只是運用偵探故事來表述成敗得失、女人與愛情。」

故事主角鋼琴家查理（查里士亞斯納華飾）是猶如杜魯福般舉止

溫文的男人，他本想躲進寂寞小酒館裡隱世埋名，豈料意外捲入旋風式的愛情和黑幫廝殺。一部徹頭徹尾向荷里活B級片取經的作品，到了杜魯福手上卻融合驚慄片、犯罪片、黑色電影、喜劇和愛情劇等各式元素，鏡頭運用變化多端，敘事邏輯凌厲跳脫，任何電影語言皆揮灑自如，別忘了，這僅是他創作的第二部劇情長片。《射殺鋼琴師》是純粹的新浪潮電影，至此，杜魯福徹底證成自己作為瘋狂影癡的作者身分。而這個內心孤獨而胸懷自信的鋼琴家，不就是杜魯福二十八歲的完美鏡像嗎？彷彿非如此不可，一遍又一遍，我們就為著杜魯福電影裡豐富深邃的情感而傾倒。杜魯福的電影就是杜魯福的青春，他過於短暫的一生都獻給電影了。

一九六〇年，杜魯福，二十八歲。距離他拍攝最後一部電影《情殺案中案》（Confidentially Yours），尚有二十三年。

契訶夫

慢寫告別通俗

Anton Pavlovich Chekhov

一八八八年，安東．帕夫洛維奇．契訶夫（Anton Pavlovich Chekhov），二十八歲。

這一年，契訶夫的產量急遽下降。一八八三至一八八六年間，契訶夫每年狂飆文章百篇以上，二十六歲的他已經在俄國各大小報章雜誌發表過超過四百篇短篇小說及散文，也為他攢得少許名氣，契訶夫的筆像是永不枯竭，傳聞他寫了一篇墨水未乾便開展下一篇，然而，一八八八年情況卻有所改變，這一年他只寫了十篇，這一年，他由「安東夏．契康堤」蛻變成「安東．契訶夫」。

「安東夏．契康堤」（Антоша Чехонте）是他在《木屑》雜誌發表文章時使用的筆名，契訶夫有不少筆名，他還會根據文章質素使用不同的。一八八二年冬天契訶夫開始在《木屑》發表文章，寫的主要是著重娛樂性的短篇小說，每篇不超過一百行，以配合雜誌編採原則：「精、短、有趣」（也有說這段時期磨練了他日後言簡意賅的文風），後來他在同一本雜誌開設專欄，名為「莫斯科點滴」，主要刊載時事評論與諷刺文章，他會在專欄大膽批評某某作家、針對官僚體制，雖然他都不使用真名。那時他其實更像一個流行作家，雖然寫的文章被人認為不夠嚴肅、文學性不強，但卻鮮活地刻畫了一八八〇年代的俄國生活。

雖然產量豐厚，但契訶夫後來回望這一段時光，其實對自己寫的東西並不滿意，還有隱隱然的羞恥感。他早在一八八三年便對《木屑》的編輯雷雅金說：「追求幽默不是一件容易的事。有時，你會發現，自己的材料很嘔心。你不得不超越此種膚淺的皮毛，進入更嚴肅的領域。」但無奈地，為了維持生計，契訶夫不得不大量地生產這些短文，契訶夫的家境並不富裕，他的祖父輩是農奴出身，窮一生精力才能令後代脫離奴隸階層，二十八歲的契訶夫寫過以下一段文字，來形容他的身世——

我是一位農奴的孩子，當過伙計，參加過唱詩班；他們把我養大，叫我服從長官，親吻牧師的手，接受別人的意見。我常在街上流浪，遭到毒打，感激別人贈與我食物；我還會在神或人的面前假裝好人——但漸漸地，我把自己的奴隸成分甩掉。終於有一個早晨，我忽然了解到，我血管裡流的不是奴隸的血液，而是堂堂正正的人血。

也是因為契訶夫的身世，令他日後執意要寫低下階層的故事。就在他沒日沒夜地生產「笑話」的時候，他也沒放棄精進文字技巧，進行各種文學實驗，一八八五至一八八七年是他的蛻變期，慢慢脫離了以往那個賣弄幽默的「契康堤」，成為更加深刻、尖銳的契訶夫。一八八七年八月，契訶夫結集在《新時代》發表的十六篇小說，推出個人第二本小說集《在黃昏》，這本書在一八八八年為他贏得了「普希金文學獎」，那是他的哥哥亞歷山大與《新時代》發行人蘇瓦林偷偷把書送審。

另一個標誌契訶夫蛻變的重要事件，是他的小說終於登上了嚴肅文學雜誌《北國先鋒》。一八八八年一月，他開始撰寫中篇小說《大草原》，這次的寫作經驗跟他以往的截然不同，寫得慢、寫得長，契訶夫將他的童年風景寫進小說裡，更糅合一點點散文詩的技巧，雖然他曾寫信告訴朋友，別對他這篇小說有太高期望，但最終成品還是為他贏得不少掌聲，讓他正式走進文學殿堂。那一年產量雖少，卻是他創作的高峰期。

一八八八年，契訶夫，二十八歲，距離他寫下劇本《海鷗》，尚有八年。

布勒東

André Breton

一個獨裁者的誕生

一九二四年，安德烈．布勒東（André Breton），二十八歲。

地點是藝術之都，法國巴黎，在兩次大戰之間，不少文學藝術思潮百花怒放，當中名堂最響當數達達主義（Dadaism）。一九一九年，布勒東與蘇波、阿拉貢創辦《文學》雜誌，隨著布勒東與達達思想愈走愈近，《文學》也成為達達主義的刊物，然而，這位曾經慷慨激昂地朗讀《一九一八年達達宣言》的詩人，卻在一九二二年與達達主義創始人查拉發生分歧，最終令他決定另起爐灶。

一九二一年，布勒東曾希望為戰後紛陳的新思想召開巴黎大會，目的是「比較各種新的價值，從中得出最有意義的東西」，他提出兩個問題——「一、所謂現代思想是否一直存在？二、在所謂現代的物品中，高筒大禮帽是否比火車頭更現代？」可是當他邀請查拉出席會議時卻遭到回絕，查拉在信中如是說：「我認為，目前死氣沉沉的局勢正是各種流派糅合在一起的結果，是各種風格雜亂地混同在一起的結果，也是由團體代替個人的結果。這種局勢比反對意見還要危險。」這件事最終令到布勒東與查拉分道揚鑣。

那是超現實主義掘起的前兆，在它真正成形之前，布勒東與他一眾伙伴進行了一連串實驗，並將其定命為「模糊運動」，試圖將達達精神與新思想糅合起來。在幾場催眠（幾近通靈）實驗中，他們將超現實主義延伸至心理活動之中，以自動書寫、夢境描述、睡眠寫作等操作來呈現潛意識的狀態，為超現實主義打下基礎。超現實主義誓必掀起一場革命，而此刻萬事具備，只欠東風，於是在二十八歲那年，布勒東發表了《超現實主義宣言》。

「超現實主義是純粹心靈之無意識行為（pure psychic automatism），旨在通過它用口語或文學表現思想的真正功能。」這是布勒東在宣言中對超現實主義提出的定義。無意識行為（automatism）及夢境是通往潛意識的路徑，超現實主義者透過這兩種方式得以擺脫理性、道德以至美學的規限，最終達至想像力的解放。

超現實主義原是一場文學、政治與哲學的運動，儘管後來視覺藝術在這場運動中進佔核心位置。達達主義，以至由它衍生出來的超現實主義，同樣講究遊戲性與實驗性，然而，達達從一而終地反抗秩序（由上述查拉之言可見一斑），超現實主義卻跌落一個難以自圓其說的悖論之中——超現實主義一邊主張打破規條、解放想像力，然而，發起人布勒東卻要求超現實主義的一眾信徒遵守他定下的規則。

布勒東從這裡開始展露出他的獨裁本性。這也是他為後人詬病之處。他要求在他組織裡的作家、藝術家必須受他控制——「超現實主義組織成員必須拋開個人意志，接受集體行動；他們只能在超現實主義展中展出作品，禁止參與一般活動。」若這些規條被人忽視或觸犯，他則會召開會議，將該位「犯禁」的藝術家開除，還要求在座的所有成員簽署文件表示贊同，若然不簽，也即時開除。被他開除過的藝術家中，達利與畢卡索也榜上有名。

這位小獨裁者，既傲慢、小器又矛盾，甚至連他的追隨者也不喜歡他，可是他卻是支撐超現實主義的一名重要推手。事實毋庸置疑，卻又叫人無奈。

一九二四年，布勒東，二十八歲，距離《超現實主義第二宣言》發表，尚有六年。

廢名

螳螂教師，很狂很天真

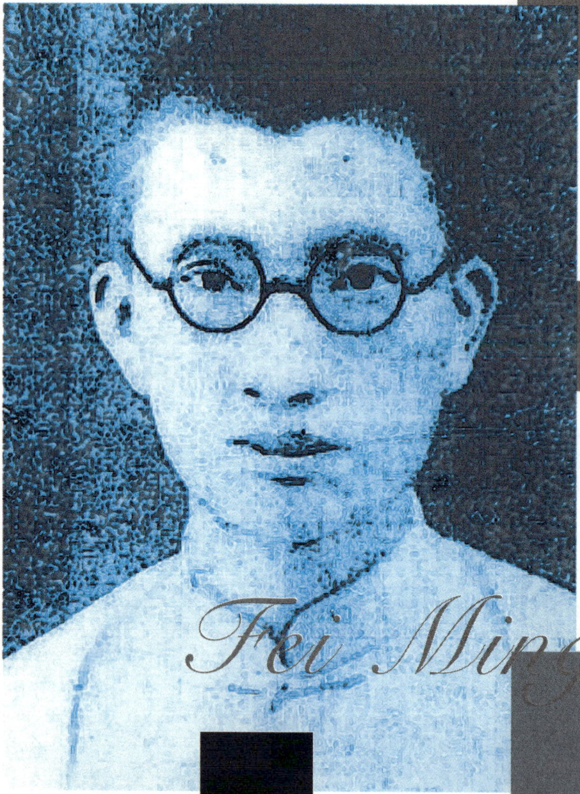

一九二九年，廢名，二十八歲。

「額如螳螂，聲音蒼啞，初見者每不知其云何。」是周作人回憶中第一次見到廢名的樣子。當時廢名還是二十剛出頭的小子，離家來到北平讀書，偶爾在《小說月報》、《努力週報》上發表作品。誰能想到四、五年之後，二十八歲的廢名已從北大英文系畢業，不僅留校任教當了老師，還當上了父親。廢名的女兒馮止慈於一九二九年出生的，她的名字源於一句「為人父，止於慈」；「慈」一字，也是忽然擁有諸多身分的廢名，對自己的嚴苛要求。

天生教書高手：講義傳抄影響深遠

廢名留校任教，是多得其恩師周作人的推薦。在北大，他主要講授「作文（一）附散文閱讀」、「作文（三）．新文藝試作（散文、小說、詩）」等課程，這在現代文學剛剛起步的年代並不是易事。

給新生上的第一堂課，廢名選講魯迅的《狂人日記》。在座學生之一、後來成為北京大學儒學研究院院長的湯一介，回憶起當日廢名老師的一句：「對《狂人日記》的理解，我比魯迅先生自己了解得更深刻。」學生們對於這位年輕教師的「狂言」感到愕然，而在慢慢解讀文本之後，又發覺老師對「狂人」性格及社會背景的理解真的十分透徹、令人醍醐灌頂。

除了「狂」，廢名老師的天真直率也讓同學們印象頗深。喜歡在課堂上討論學生作文的他，有一次在評論某女生功課時說：「你們看，她的文章風格多麼像我的呀！」讓人忍俊不禁。著名的現代文學學者樂黛雲教授，當年也是廢名的學生。在她的記憶中廢名「不太在意我們聽得懂聽不懂。常常兀自沉浸在自己的遐想中。」上他的課，樂黛雲總是坐在第一排，「盯著他那『古奇』面容，想起他的『郵筒』詩，想起他的『有身外之海』，還常常想起周作人說的他像一隻『螳螂』。於是，自己也失落在遐想之中。它超乎知識的接受，也超乎於一般人說的道德的熏陶，而是一種說不清楚的感應和共鳴。」

一九三六年，廢名更開設「現代文藝」選修課，每次講課前都要寫出講義，交由北大出版社印出，發給學生。據說這些新詩講義在抗戰時期「銷路極佳，人手一篇」，在華北文學青年群體中產生非常大的影響，廢名作為文學教師也備受尊重。再後來文革發生，廢名被抄家批鬥，身心受到很大的戕害，湯一介更是難過道：「像廢名這樣可愛可敬的老師，難道應該這樣離開人世嗎？」

與魯迅反面：並不因為私情

二十八歲的廢名，雖已為人父、為人師，但不可否認的是他仍是周作人的直線學生、也受到魯迅文章極大的影響。而後來由於文學、政治理念的分歧，三人的路向卻大相徑庭。

一九二六年左右，廢名仍是魯迅的超級粉絲。在日記中他曾寫道：「昨天讀了《語絲》八十七期魯迅的《馬上支日記》，實在覺得他笑得苦……尤其使我苦而痛的，我日來所寫的都是太平天下的故事，而他玩笑似的赤著腳在這荊棘道上踏。」彼時周氏兄弟失和，作為周作人的學生，廢名卻沒有因此對魯迅產生負面情緒。同一天的日記裡甚至還表示：「倘若他（魯迅）槍斃了，我一定去看護他的屍首而槍斃。」

後來結束學生生涯的廢名開始出道教書，亦在周作人的支持下創辦了《駱駝草》雜誌，開始進行後世聞名的《橋》及《莫須有先生傳》兩篇小說的撰寫。彼時與俞平伯、江紹原、沈啟無併稱為「周門四學士」的廢名，隨知曉周氏兩兄弟的理念失和，但仍是理性地判斷、閱讀、喜愛兩人的作品。

直到一九三〇年「左聯」成立，魯迅選擇左翼立場，廢名對此無法理解，才撰文批評魯迅、郁達夫等人是「文士立功」。而魯迅則進行反擊，不僅指廢名為「周作人的狗」，更譏諷他的筆名：「寫文章自以為對於社會毫無影響……要於社會毫無影響，必須連任何文字也不立，要真的廢名，必須連『廢名』這筆名也不署。」

而儘管如此，魯迅在一九三五年選編的《中國新文學大系‧小說二集》內中所收廢名小說〈浣衣母〉、〈竹林的故事〉和〈河上柳〉三篇。愛恨掙扎、孰是孰非，終究在文學上他們還是願與彼此相見。

一九二九年，廢名，二十八歲。距離詩化小說《橋》出版，尚有三年。

林徽因

搶救建築，理解死亡

一九三二年，林徽因，二十八歲。

講起林徽因，不少人首先想起詩人徐志摩的意外死亡：一九三一年十一月十九日，他搭乘中國航空公司清晨八點的飛機由南京北上，飛機在大霧中觸山後墜落，不幸罹難。林徽因與徐志摩有非常深厚的交情，兩人曾在泰戈爾訪華時，共同演出泰翁詩劇《齊德拉》（林飾公主齊德拉，徐飾愛神瑪達那），在文學創作上也惺惺相惜。

徐志摩的去世，對林徽因造成不小影響；其中一個原因可能是，當年徐搭上飛機，正是要前往林徽因在北平的「中國建築藝術」演講。兩人的關係一直撲朔迷離，其實早在一九二八年三月，林徽因已與建築家、學者梁思成（梁啟超之子）在加拿大結婚。同年，林與梁回到中國，並在瀋陽的東北大學創建了建築系——中國的第二個建築學系。此後，兩人一直致力於「搶救」古建築文明。

一九三二年對於建築師林徽因而言，是相當重要的一年。加入以古建築研究著稱的中國營造學社不久後，二十八歲的林徽因在《中國營造學社彙刊》上發表了自己的首篇中國建築史研究論文：《論中國建築之幾個特徵》；同一本期刊上還有梁思成的論文《我們所知道的唐代佛寺與宮殿》。這兩篇文章具有相當厚重的歷史價值。

兩人之間的感情可是推向了學術的高度！《梁思成與他的時代》作者朱濤曾指出：「梁文是歷史性的，重點在『整理國故』，為他們即將大規模展開的中建史研究確立了一個終極目標——向後回溯歷史，直抵唐代建築的高峰；林文則更富理論性，在總結『中國建築』的原則基礎上，立意指向『再造文明』。她為中建史研究確立了另外一個終極目標——向前推動歷史，催發出中國現代主義建築。」

雖然兩人的感情與學術生活令人羨慕，但據梁思成續絃妻子林洙的記憶，這一年也曾發生過「第三者插足」的意外事件：「我（梁思成）從寶坻調查回來，徽因見到我時哭喪著臉說，她苦惱極了，因為她同時愛上了兩個人，不知怎麼辦才好……我想了一夜，我問自己，林徽因到底和我生活幸福，還是和老金一起幸福？我把自己、老金、徽因三個人反覆放在天平上衡量……過幾天徽因告訴我說：她把我的話告訴了老金。老金的回答是：『看來思成是真正愛你的，我不能去傷害一個真正愛你的人，我應當退出。』從那次談話以後，我再沒有和徽因談過這件事。」老金，指的就是終身未娶的邏輯學家金岳霖。雖然不少學者都曾指出林洙對於林徽因的表述多有偏頗，但金岳霖與林徽因之間仍是存在公認的曖昧感情。

此事過後，林、梁二人繼續進行古建築的實地勘察、測量與整理工作。據載，兩人在一九三二至一九三七年間測繪整理了二百多組分布於各地的建築群，完成測繪圖稿一千八百九十八張，留下一套研究中國建築的珍貴資料。一九三七年林徽因與眾人赴山西考察，確認了五臺山佛光寺為唐代木構建築遺存，打破了日本建築學界關於中國沒有唐代木構建築的斷言，對於中國古代建築發展脈絡的整理也有相當大的影響。

後人十分著迷於林徽因的感情生活，但對於其生平所作之工作與學術的探討卻寥寥。眾人皆道「人間四月天」，卻很少人提起，一九三二年的中元節，林徽因還曾寫過一首名為〈蓮燈〉的詩，詩中「亡魂瀰漫的夜色與悲哀，在此刻為『一剪光』所聚攏，照耀，對友人的懷念被最大程度地轉化為一種自證」（張定浩評）：

如果我的心是一朵蓮花，
正中擎出一支點亮的蠟，
熒熒雖則單是那一剪光，
我也要它驕傲的捧出輝煌。
……
算做一次過客在宇宙裡，
認識這玲瓏的生從容的死，
這飄忽的途程也就是個——
也就是個美麗美麗的夢……

搶救建築，搶救歷史，也是延續眾多無形生命的一種方式。林徽因這份認真而能穿透生命的能量，不才更值得人們去談論？

一九三二年，林徽因，二十八歲。距離與梁思成共同編著《全國重要文物建築簡目》，尚有十七年。

胡適

半本書震動中國

一九一九年，胡適，二十八歲。

就在兩年前，一位就讀於哥倫比亞大學哲學系的博士生，在刊物《新青年》發表了一篇影響歷史的文章──〈文學改良芻議〉。就此，「白話文運動」如浪似的捲起整個中國；半年後，這位年輕人還以二十六歲之齡，成為北京大學的教授。他是胡適──一個在歷史洪流裡耀眼奪目的名字。

即使已是新文化運動的領袖，胡適還未滿足：他的抱負，是要整理學術，為現代中國謀求最好的出路。而一個學者，必先有一本學術成果作理論基石；志比天高的胡適，決定先向中國哲學這座大山下手。就在二十八歲這年的五月，胡適順勢出版他的首本著作：《中國哲學史大綱》（上卷）。

此書原是胡適的博士論文《中國古代哲學方法之進化史》。兩年前他到北大教書，便根據論文內容編定成「中國哲學史」課的講義；經過兩年的整理，這本匯集十二篇文章、十餘萬字的《中國哲學史大綱》（上卷），甫出版就引起當時學界的哄動；不過兩個月，胡適就把此書再版。

《中國哲學史大綱》（上卷）的意義，在於它為當時的中國帶來劃時代的想法。師承杜威、受實證主義影響的胡適，在書裡反對傳統以三皇五帝為思想啟源的觀點，放棄固有對先哲的「聖賢」概念。因此，他丟開唐、虞、夏、商，反以老子、孔子首先自成一家學說的理據，提出老子孔子，才是中國哲學起點的論述。

誠然，把胡適的理論放於現在來看，不免是有點武斷草率——但在民國最搖晃、浪蕩的階段，胡適始終是為那死水般的學界轟出如夢初醒的一炮。時任北大校長、他的上司蔡元培，就為此書作序，說胡適有幾種特長：「第一，證明的方法。第二，扼要的手段。第三，平等的眼光」；一向與胡適持不同意見的梁啟超，則評論此書「表現出著作人的個性」，形容胡適「不廢江河萬古流」，認為他有「敏銳的觀察力、緻密的組織力、大膽的創造力」；其學生顧頡剛，盛讚胡適有「截斷眾流的魄力」；馮友蘭還因為此書，寫出更紮實的《中國哲學史》，延續學界對中國哲學史的探討。

以往的概念裡，聖賢就是思想家，聖賢說的就是道理、就是哲學；今日的我們，不會認為堯、舜、禹、湯這些傳疑的「聖人」是中國文化思想的開端。這是因為胡適在《中國哲學史大綱》（上卷）批判傳統的論述，提出新觀點，更剝脫了老子、孔子的聖人形象，著眼他們的著述思想、一家論說，我們才扭轉了哲學史的概念，以「思想家」作標準，建立現代的哲學史論述與邏輯。

同年七月，胡適也在其主編的《每周評論》三十一期上發表〈多研究些問題，少談些「主義」〉一文，與重視主義與理念傳播的李大釗論戰，在學術界引起迴響。

在刊於《新青年》、十二月一日發表的〈「新思潮」的意義〉裡，胡適針對中國幾千年的學術思想，清晰地表達了「研究問題、輸入學理、整理國故、再造文明」的主張。透過這篇文章，我們可以更理解到他提出現代思想論述的原因。

對他而言，知識分子首先要研究舊思想的問題；然後，借用西方的思想哲學，以科學化的評鑑方法，「整理國故」，再造出新中國的學術。而所謂「整理國故」，就是從「亂七八糟裡面尋出一個條理脈絡來」——亦即，像尼采所言，評定舊有中國的所有價值（重新估定一切價值，Transvaluation of all Values），建立新的論述秩序。《中國哲學史大綱》（上卷），就是他整理舊有國故，革新思想的第一個學術成果。最終，胡適也沒有完成下卷的寫作——他只是以半本書，就震動了一整個中國。

一九一九年，除了是胡適著書立說的重要年份，也是其母親離世，把指腹為婚的妻子江冬秀接到北京同住的一年。胡適是對妻子千依百順的丈夫，閒時，他會陪她逛街，看電影，吃東西，讓她見識大城市的繁華，甚至特意買一個房子讓妻子打麻將。有一次，胡適差點出軌，江冬秀就衝進廚房，拿起菜刀脅著孩子。胡適自此就更畏內了——面對朋友取笑他「怕老婆」的性格，胡適這樣打趣回應：「愈是自由平等開放的國家，男人愈怕老婆。」

一九一九年，胡適，二十八歲。距離他擔任北京大學校長，尚有二十七年。

蕭紅

最後一次獨行

Xiao Hong

一九三九年，蕭紅，二十八歲。

大多數人二十八歲時，正要迎接豐茂的生活；但對蕭紅而言，二十八歲，生命的倒計時已悄然加速。她曾感慨過：「我總是一個人走路，以前在東北，到了上海後去日本，現在到重慶，都是自己一個人走路。我好像命定要一個人走路似的。」親密導師魯迅三年前（一九三六年）逝世，也使得她前途中的孤獨特性愈加濃烈。

電影《黃金時代》中，有一幕是蕭紅伏案寫作，抽著煙，臉色疲乏抑鬱；時而扭頭看一眼床上的端木蕻良，嘆一口氣，馬上低頭繼續書寫。這正發生於一九三九年，而蕭紅在寫的，是懷念作家魯迅的著名篇章〈回憶魯迅先生〉：

魯迅先生的笑聲是明朗的，是從心裡的歡喜。若有人說了甚麼可笑的話，魯迅先生笑的連煙卷都拿不住了，常常是笑的咳嗽起來。魯迅先生走路很輕捷，尤其他人記得清楚的，是他剛抓起帽子來往頭上一扣，同時左腿就伸出去了，彷佛不顧一切地走去……

這一番對魯迅溫潤而細膩的回憶，卻是蕭紅沉澱了三年，才有力氣提筆寫下的。彼時的蕭紅經歷了人生中最為艱困的時刻：結束了與蕭軍為時六年的情感糾葛；懷孕產子而小孩卻夭亡；在眾人反對之下與作家端木蕻良結婚……武漢戰亂，兩人要逃往重慶時，端木卻自執最後一張船票先行離開，留蕭紅於危險之中。直到一九三九年五月，兩人才共同遷居至重慶黃桷樹鎮，入住復旦大學苗圃。在短暫安穩的日子裡，蕭紅開始籌備魯迅的紀念書冊，自己寫下兩萬四千餘字，更親自向許壽裳與許廣平徵求紀念文章，並收錄匯集成書。

作家靳以曾在〈悼蕭紅〉一文中憶述發現蕭紅在寫魯迅時，她呈現「臉微紅地把原稿紙掩上」的模樣。靳以記得，當時還有一位總是躺在床上睡覺的人，聽到自己與蕭紅的對話，醒來且輕蔑地笑說：「這也值得寫，這有甚麼好寫？……」此人即端木蕻良。如為事實，則讓人對蕭紅的處境更加心疼。

讓人稍感欣慰的是，一九三九年間，擔任香港《星島日報．星座副刊》主筆的戴望舒先生對蕭紅照顧有加。他不時會向蕭、端木二人約稿，也協助他們出版作品，蕭紅的小說《曠野的呼喊》、回憶錄《記憶中的魯迅先生》也都是經由戴望舒編輯刊發。

一九三九年十二月中，日軍對重慶北碚進行轟炸，彼時已經身患肺病的蕭紅不堪驚擾，決定離開重慶、赴香港生活。此行雖有端木陪同，內心仍是飄搖孤獨。回看她在留日時寫下組詩〈沙粒〉其四，驚見一生寫照：

走吧！
還是走，

若生了流水一般地命運，
為何又希求著安息！

一九三九年，蕭紅，二十八歲。距戴望舒寫下《蕭紅墓畔口占》尚有五年。

里爾克

後青年的孤獨

Rainer Maria Rilke

一九〇三年，萊納．瑪利亞．里爾克（Rainer Maria Rilke），二十八歲。

一九〇二年深秋，維也納新城陸軍學校的一棵古老栗樹下，尚未成為軍官的青年學生卡卜斯（Franz Xaver Kappus）正入迷地捧讀一本詩集；書中令他著迷的詩行，全都出自於時僅二十七歲的奧地利詩人里爾克之手。而讓卡卜斯更意想不到的是，未來五年間，他將陸續收到大詩人寄來的回信——這些信件匯集成篇，就是後世著名的《給青年詩人的信》。

二十八歲是個尷尬的年紀：未盡成熟，卻不時有年紀稍幼的朋友前來求教。年輕的卡卜斯寫下第一封給里爾克的信，大抵也是作為一個迷茫的後生，向稍為成熟卻相去不遠的前輩請教。他在信中提到了自己因作品不受賞識而灰心、對是否要繼續寫詩產生遲疑，都是不少剛開始寫作的人會面臨的問題。除此之外，卡卜斯還隨信附上兩首自己的作品，等待著「偶像」的指點。

然而面對後來者略顯稚嫩的疑問，里爾克並沒有洋洋得意地佔取教導者的位置——他更情願在交流之中觸及創作中相通的問題。一九〇三年二月，里爾克寫下第一封回信。儘管他在信中回應了卡卜斯關於自己詩歌作品的疑問，但也明確表示自己不喜歡隨意評論別人的作品；相較之下，里爾克更關注創作本身的問題：

這是最重要的：在夜深最深寂的時刻問問自己：我必須寫嗎？你要在自身內挖掘一個深的答覆……然後你接近自然。你要像一個原人似的練習去說你所見、所體驗、所愛、以及所遺失的事物。不要寫愛情詩；先要避開那些太流行、太普通的形式：它們是最難的。（第一封信）

這對不少年輕創作者而言有醍醐灌頂之效。除此之外，里爾克也與卡卜斯談愛情關係、職業生涯、生活際遇……而談得更多的，還是孤獨，是自己與自己的關係：

我希望你能忠誠地、忍耐地讓這大規模的寂寞在你身上工作，它不再能從你的生命中消滅；在一切你要去生活、要去從事的事物中，它持續賡續著，像是一種無名的勢力，並且將確切地影響你，有如祖先的血在我們身內不斷地流動，和我們自己的血混為唯一的、絕無僅有的一體，在我們生命中的無論哪一個轉折。（第十封信）

在與後生的交談中，二十八歲的里爾克已經顯現出對更高命題的思考：真實生活比那些號稱藝術的職業更接近藝術，後者熱熱鬧鬧，而前者必須經歷長久的寂寞。這一年，他也寫下了詩歌作品〈豹〉，多數批評家認為這是其創作生涯的一次重要分界線，詩中也映射出這一時期里爾克對自身、對關係更深切的思索：

強韌的腳步邁著柔軟的步容

步容在這極小的圈中旋轉，
彷彿力之舞圍繞著一個中心，
在中心一個偉大的意志昏眩。

圍欄中的集合柔軟與野心的猛獸，在昏眩之中自長，不就是一個典型青年的模樣？十封書信的中譯者馮至先生道：「四圍一個窮乏的世界，在枝幹內部卻流動著生命的汁漿」，里爾克以及更多掙扎中的青年寫作者，就是這樣將彼此「趕入了以溫暖、和藹而多情的關懷為防護的境地」。

一九〇三年，里爾克，二十八歲。距離寫成《杜伊諾哀歌》，尚有十九年。

海明威

愛的冰山理論

一九二七年，歐內斯特．海明威（Ernest Hemingway），二十八歲。

一九二五年十二月，那是奧地利佛拉紹山（Flachau Mountains）的最後一個暖冬——歐內斯特．海明威帶著他的首任妻子哈德莉．理察遜（Hadley Richardson）與初生兒子，用十二日的時間橫跨大西洋，來到奧地利的這座冰山，建立屬於他們三人的世界。

那年的海明威非常窮。他辭掉穩定的記者工作，寫的短篇小說又賣不到錢，加上兒子又剛剛出世，實在無法留在生活指數高企的巴黎；沒想到在佛拉紹山，海明威可以滑滑雪、遠足，過著截然不同的悠然生活。同年，他完成了《太陽照常升起》（The Sun Also Rises）的初稿。

寶琳．費孚（Pauline Pfeiffer）的出現，改變了山上的所有。她是巴黎《時尚》（Vogue）雜誌的編輯，天生長得自信明亮。

一九二六年初，她搬來佛拉紹山，成為哈德莉的好友，甚至戲劇性地，住進海明威的家中。起初，他們享受這種好玩、刺激的同居關係，直到一天，海明威看著眼前的寶琳，覺察到這狀態背後的邪惡。他發現，自己已經陷入一個難以自拔的漩渦。

同年，海明威在火車站擁住一臉幸福的哈德莉。那刻，他的內心迴盪著這句說話：「我多希望在只愛她一個人時就死去。」十月，《太陽照常升起》出版。海明威與哈德莉離婚，並把此書的版稅給了哈德莉。

一九二七年，二十八歲的海明威與寶琳開始了第二段婚姻。與此同時，他出版了《沒有女人的男人們》（Men Without Women）這本小說集。結集裡的〈殺手們〉，是海明威著名的短篇作品。小說中，兩個在飯館出沒的殺手，等候刺殺住客奧利的機會。服務生尼克知道後，趕緊跑去通知奧利。奧利卻說這件事報警也沒有用——故事到最後，尼克決定離開這個可怕的城市。同事喬治則勸他，最好別再介入這件事。

〈殺手們〉始終沒有交代到殺手的動機、奧利被追殺與放棄保命的原因、甚至角色的下場。它正好實現了海明威提倡的「冰山理論」：故事就像冰山一樣，作者只講一小部分的內容露出海面；其餘的八分之七，就靠作者表達這八分之一的功力，讓讀者自己想像。

次年，海明威與寶琳遷到佛羅里達州的基韋斯特（Key West）。正當海明威以為第二段婚姻生活將會如佛拉紹山的日子般甜美時，一個噩耗從伊利諾州的奧克帕克（Oak Park）傳來——父親克萊倫斯·海明威（Clarence Edmonds Hemingway），因抵受不住糖尿病和財困的折騰，以手槍自殺。而他的次子，也因為無法在寶琳的子宮內順利取出，險些夭折。廿八歲後的海明威，要面對更煩心不寧的人生問題；同時，他開始回憶四年前，那在雪山上透著閃光，低調靜好的暖冬。

在回憶錄《流動的饗宴》（A Moveable Feast）中，海明威懷念早年在巴黎、佛拉紹山那些簡單純粹的生活，也在書的最後寫到哈德莉獨有的光芒。「陽光照在她可愛的臉上，透著雪光和陽光抹上的棕色。身段很美。頭髮在陽光中金裡透紅，一個冬天就變了模樣，但很好看。」

海明威到底有多愛哈德莉？這或許能從他的「冰山理論」解釋——他以生活與文字表現出來的愛，只是那浮出水面、如冰山般的八分之一；剩下的八分之七，就留給我們去想像，或否定。

一九二七年，海明威二十八歲。距離出版《老人與海》（The Old Man and the Sea），尚有二十五年。

費茲傑羅

大亨小傳，情陷巴黎

F. Scott Fitzgerald

一九二四年，費茲傑羅（F. Scott Fitzgerald），二十八歲。

上世紀二〇年代的巴黎，是屬於文人與藝術家的浪漫之都。而正在寫作《大亨小傳》（The Great Gatsby）的費茲傑羅，也在二十八歲的這年，帶著妻子薩爾達．費茲傑羅（Zelda Fitzgerald）來到這座璀璨城市。經過在法國「藍色海岸」聖拉斐爾（Sainte-Raphaël）的遊歷後，他們又再回到巴黎，繼續夜夜笙歌、紙醉金迷的靡爛生活。

費茲傑羅出生於一八九六年，一個愛爾蘭的天主教家庭。他的父親愛德華．費茲傑羅（Edward Fitzgerald）具貴族血統，是有點身分的中上階級；然而到了一九〇八年，愛德華．費茲傑羅被寶潔家品公司解僱，費茲傑羅的家境大不如前。面對情人薩爾達，費茲傑羅不得不承受門當戶對的壓力——因為薩爾達是阿拉巴馬州最高法院法官的女兒，她是真正的上流社會出身，社交場合女郎。

為了養活薩爾達，費茲傑羅決定寫出一本能夠賺大錢的小說。一九二〇年，改寫自《浪漫自大狂》（Romantic Egotist）的《天堂有方》（This Side of Paradise）出版。此書銷量不錯，首刷即印了三千本，一年內賣了十二刷，總共售出五萬本。費茲傑羅的生活因而獲得保障；而薩爾達的家人，也接受了兩人的感情。

同年四月三日，費茲傑羅與薩爾達在紐約成婚。翌年，他們的女兒也出生。而搬到紐約後的費茲傑羅，卻開始與妻子過著揮霍放任、奢華浪漫的生活。兩夫婦經常於酒店喝個爛醉，午夜時分在街上搖搖晃晃遊盪；美國詩人桃樂絲．帕克（Dorothy Parker，臺譯多蘿西．帕克）試過見到他們坐在計程車頂上狂呼；有次，薩爾達更跳進紐約聯合廣場的噴泉。費茲傑羅兩夫妻的荒唐時光，恰巧可用短篇〈班傑明的奇幻旅程〉（The Curious Case of Benjamin Button）的這句文字形容：「每個人的青春都是一場夢，一種化學的瘋狂。」

而無論是費茲傑羅與薩爾達，兩人都在這種浪蕩的歲月迴盪，表面亢奮輕狂，內裡卻壓抑著憤怒與不滿。即使接連出版了《天堂有方》、《美麗毀滅》（The Beautiful and Damned）兩本作品，費茲傑羅仍被視為荒唐頹廢、不入流的商業作家。他替《星期六晚郵報》（Saturday Evening Post）撰寫的短篇小說稿費高昂，卻是他不敢直面的低俗垃圾；而薩爾達也不滿費茲傑羅老是把兩人的私人相處、感情狀態寫進他的小說裡。一九二三年，兩人創作的舞臺劇《植物》（The Vegetable）票房慘淡，費茲傑羅兩夫婦的關係亦開始愈演愈壞。

從二十八歲到達巴黎開始，費茲傑羅與薩爾達沒有一日的安寧生活。他晚晚跟著薩爾達來回大小宴會，喝酒時又會突然昏厥，為自己的行徑尋找開脫；每天醒來，都無法專注地寫作；當薩爾達三番四次說出已和法國機師外遇的時候，他又必須強忍自己的醋意，耐心而理性地分辨薩爾達說話的真偽。永劫輪迴，不斷重複，費茲傑羅懵懂無序的精神狀態，就如〈崩潰〉（Crack up）的這句一樣——「在靈魂的漫漫黑夜中，每一天都是凌晨三點。」

一九二五年，《大亨小傳》終告出版。海明威（Ernest Hemingway）看後對此書大為肯定，亦因此與費茲傑羅成為朋友。但海明威卻十分痛恨薩爾達——他認為薩爾達不斷逼迫費茲傑羅狂歡作樂，不斷消耗費茲傑羅的心志，使費茲傑羅無法再在文學創作有所成就；眼見費茲傑羅為薩爾達嫌棄他「小雞雞尺寸太小」這句話而耿耿於懷，海明威直覺：薩爾達必會毀掉他朋友的才華甚至一生。

面對海明威的敵視，薩爾達反指海明威「虛偽」、「假男子漢」，甚至指控海明威跟費茲傑羅搞同性戀。盛怒之下的費茲傑羅召妓發洩，卻不慎被薩爾達找到安全套。最後，費茲傑羅兩夫妻在一場派對裡大打出手，薩爾達摔倒在大理石階梯上。費茲傑羅與妻子的糾結關係，到他死的一天都未能化解。

一九二四年，費茲傑羅，二十八歲。距離出版《大亨小傳》，尚有一年。

戴望舒

留學里昂，雨巷怨男

一九三三年，戴望舒，二十八歲。

二十八歲的戴望舒，遠赴里昂中法大學留學。同時，這位剛剛出版第二本詩集《望舒草》的詩人，正在鬱鬱寡歡，掛念施蟄存的妹妹，施絳年。

一九二七年，戴望舒二十二歲。在好友施蟄存家暫居的他，結識施絳年，一位十七歲的鄰家少女。很快，才華橫溢的戴望舒就陷入孤獨而痛苦的單戀之中。〈有贈〉一詩，據說就是他寫給施絳年的獻禮：

誰曾為我束起許多花枝，
燦爛過又憔悴了的花枝，
誰曾為我穿起許多淚珠，
又傾落到夢裡去的淚珠？

在一九二九年，戴望舒首部詩集《我底記憶》的扉頁上，更印著

「A Jeanne（給絳年）」這幾個法文大字。深情的戴望舒，更以拉丁文，翻譯古羅馬詩人A．提布魯斯的詩句：

願我在最後的時間將來的時候看見你，願我在垂死的時候用我虛弱的手把握著你。

戴望舒不斷向施絳年示好，施蟄存又大力撮合兩人。但是，施絳年仍然對戴望舒愛理不理。即使戴是才華洋溢的詩人，個子又長得高大，可是因為他童年長過天花，以致臉上留有癩痕，佈有黝黑的麻點，令施絳年對戴的追求有所卻步。夾在好友與妹妹之間的施蟄存，不得不無奈嘆道：「一個是我的大妹妹，一個是我的親密朋友，鬧得不可開交，亦純屬他們自己的私人之事，我說甚麼好呢？當年此事發生時，我就不管此事，一切採取中立態度，不參與也不發表意見，更不從中勸說或者勸阻。」

施蟄存的中立，助燃了戴望舒的瘋狂愛火。一九二八年，單戀無果的戴望舒以跳樓尋死相逼，使得施絳年無奈默認這段關係。一九三一年，戴望舒與施絳年訂婚，但此時的施絳年，已經愛上他人。為了減低接觸戴望舒的機會，她催促戴出國讀書，要求他完成學業，保證經濟無礙，才肯接受彼此的婚姻。

一九三五年，戴望舒被里昂中法大學開除。他被踢出學校的原因，據說與無心上學，經常翹課有關（另一個說法是：他被當時的右派學生告密參與西班牙的左派革命活動，而被不准學生有政治參與的校方報復。）無論如何，施絳年對他的傷害，已經到了椎心刺骨的地步。五月，戴望舒回到上海，證實施絳年移情別戀。氣上心頭的戴望舒，當眾打了施絳年一記耳光，然後登報解除婚約，結束這段八年的「感情」。

戴望舒的名作〈雨巷〉，寫於一九二七年。詩中描寫的那位「丁香一樣」、「結著愁怨」的姑娘，不少人認為就是指向那令戴望舒「痴心錯付」的施絳年。

撐著油紙傘，獨自
徬徨在悠長，悠長
又寂寥的雨巷
我希望逢著
一個丁香一樣的
結著愁怨的姑娘。

「我」撐著雨傘，在悠長寂寥的雨巷彳亍走過。這個場景，會否就是戴望舒在里昂留學時，走過異地的街頭寫照？那位帶有丁香之味，流露愁怨氣質的女子，又是不是他留戀施絳年，依依不捨的遙想？

一九三六年，戴望舒與穆時英的妹妹，穆麗娟成婚。即使今次雙方都情投意合，婚後的戴望舒，卻總是埋首在書堆之中，不懂經營夫妻關係；一九四三年，在香港主編《星島日報》副刊的戴望舒與穆麗娟離婚。六年後，他又與第二任妻子楊靜離異，重複婚姻破滅的宿命。

一九三三年，戴望舒，二十八歲。距離他在北京病逝，尚有十七年。

蘇珊・桑塔格

早熟早婚，青春期latecome

Susan Sontag

一九六一年，蘇珊．桑塔格（Susan Sontag），二十八歲。

一九六一年之前，西蒙波娃（Simone de Beauvoir）與漢娜鄂蘭（Hannah Arendt）一直以女性知識分子的形象衝擊西方當代文藝界與思想界，作為後起之秀，桑塔格雖然成名較遲，但她慧根早熟，十五歲中學畢業，三年後再從芝加哥大學畢業；在芝大讀書期間，她認識了社會學家菲利浦．瑞夫（Philip Rieff），二人十天後閃婚，兩年後，一九五二年，兒子大衛出生，桑塔格從人妻一躍成為人母。

桑塔格做甚麼都快人一步，她早婚，也早離婚。一九五七年，她從哈佛大學取得了哲學碩士學位，然後拿著獎學金歐遊，在巴黎住了一段時日，深受歐洲文化影響，一九五八年回到美國後，桑塔格隨即向菲利浦．瑞夫要求離婚。二十六歲，桑塔格回復單身，但她並未攜同兒子到其嚮往的歐洲生活，母子二人移居紐約，桑塔格靠在哥倫比亞大學教書及寫文章來維持生活，她覺得自己十分幸運，更揚言：「年紀輕輕就結婚生子，以後就不用再做這些事了。」

移居紐約的桑塔格，其實早已移情別戀。一九五七年她先跟海芮葉特．索默．茲沃鈴（Harriet Sohmers Zwerling）在巴黎同居，後來透過海芮葉特她認識了古巴裔美國劇作家瑪麗亞．艾琳．福恩斯（Maria Irene Fornes），二人自一九五九年開始，至一九六三年在紐約同居——顯而易見，瑪麗亞．艾琳．福恩斯是一個女性名字，桑塔格愛上同性，旁人看來是重生、是轉變，但只有桑塔格知道，那才是最初始的自己。

此話何解？桑塔格於二〇〇四年死後，兒子大衛．瑞夫發現她十四歲至三十一歲期間所寫的日記，及後出版成《重生——桑塔格日記第一部》（Reborn: Journals and Notebooks, 1947-1963），揭穿原來早在桑塔格十五歲的時候，已經認知到自己的同性戀傾向，決定下嫁菲利浦．瑞夫，既有「從良」與「修正」的想法，其實也為了經濟與學業著想，以現在的話說，年輕的桑塔格需要一位金主。

離婚後，桑塔格做回真實的自己，與瑪麗亞．艾琳．福恩斯開展了一段傾向苦戀的戀情，「艾琳和我不再真正交談。我們都累了，知道該說的早已說，或者至少說的比做的多」，「昨晚我告訴艾琳，我愈少做愛就愈不想要」，「艾琳說，這是她幾個月來第一次美妙的性高潮，但後來被我搞砸了」，諸如此類的句子，在她們同居期間一再出現在桑塔格的日記上，愈到後期，出現的次數愈是頻密。

苦戀無益，但桑塔格袒露對同性的愛，卻是對父權的痛擊——她的人自由了，思想也自由了。一九六一年開始，她將腦海中的意念整理成文章，逐漸寫出一篇又一篇具挑戰性的論文。她以權威的筆觸評論哲學、文學、歷史、電影，先後發表於《黨派評論》、《紐約書評》及《常青評論》等重要刊物上，幾年後文章結集成《反對闡釋》（Against Interpretation and Other Essays）一書，顛覆了與時代語境相違背的藝術闡釋行為，提出反對過度闡釋、尊重文本解讀的概念，迅即成為大學院校的當代經典，令桑塔格一夜成名。

離婚後的桑塔格，不但將自己「看作是一場非常古老的戰役中一位披掛著一身簇新鎧甲登場的武士」，她甚至指稱，隨著六〇年代來臨，她也正好踏入了個人的青春期，「我非常享受二十七歲到三十五歲這段時間內的青春期，它與六〇年代同步——我以年輕人的方式來享受這段時期」。桑塔格早熟、早婚，二十八歲才懂得對情慾坦白，反叛期和青春期都姍姍來遲，還是諺語說得好：遲到好過無到。

一九六一年，蘇珊．桑塔格，二十八歲，距離她出版《反對闡釋》還有五年。

珍·奧斯汀

無愛婚姻，不能忍受

一八〇三年，珍．奧斯汀（Jane Austen），二十八歲。

談起珍．奧斯汀，讀者總會想起她小說中那些溫婉但反叛，依附禮教又渴求真愛的女性角色。在一八一三年出版的《傲慢與偏見》（Pride and Prejudice）中，主角伊利沙白（Elizabeth Bennet）多次拒絕富紳達西（Fitzwilliam Darcy）的求婚。直到她發現達西被好友誣陷、化解姐姐婚事被阻止的誤會後，她才消除對達西的偏見，敞開自己的心扉，接受這段關係。

相比她小說的故事、筆下的人物，珍．奧斯汀卻從未在生命中擁有過一段明顯的愛情。

一千零一次悔婚：無謂悔恨終身

一七七五年十一月，珍．奧斯汀出生在英國漢堡郡的史蒂文頓教區；次年，她受洗成為聖公宗教徒。她的父親是當地的堂區長，母親卡珊德拉出生自殷實的士紳家庭。她還有六個兄弟：詹姆斯、喬治、愛德華、亨利．托馬斯、弗朗西斯和查爾斯，與一個姐姐卡珊德拉。自從她於一七八六年完成在伯克郡雷丁 Abbey School 的學業後，她就再沒有離開過自己的家庭生活。

直到一八〇二年十二月，珍．奧斯汀收到人生中的唯一一次求婚。那是來自好友的弟弟哈里斯．比格．魏澤（Harris Bigg-Wither）。哈里斯長相平庸，待人接物又不圓滑討好，可是卻是家族財產的唯一繼承人——只要珍．奧斯汀答允這門婚事，她的父母就可過著安享晚年的日子，姐妹們能夠獲得永久的居所，甚至連兄長的事業，也可一起受惠。

珍．奧斯汀答應了求婚。一天後，她卻峰迴路轉地拒絕哈里斯。關於這次拒婚的理由，或可從一八一四年回覆她侄女范妮（Fanny Knight）的感情煩惱時，信件中的文字得到解釋：

關於求婚問題的「我願意」回答，我寫了那麼多文字，現在我轉向這個問題的另一個回答——懇求你不要進一步陷入此事。除非你真的喜歡他，否則別考慮接受他的求婚。任何事情都可以忍受，除了沒有愛情的婚姻。

《諾桑覺寺》：勿做恐怖情人

一八〇三年，二十八歲的珍·奧斯汀以十英鎊的價格，將自己的稿件〈蘇珊〉賣給了倫敦的一家出版商克羅斯比公司（Crosbie & Co.）。（這本小說與她另一篇短篇《蘇珊夫人》〔Lady Susan〕不同。）然而，書稿閒置多時仍未獲出版。珍·奧斯汀想收回書稿，卻被克羅斯比公司威脅，向她索償法律責任。之後，珍·奧斯汀再沒有處理這篇故事的權責。

一八一六年，她的哥哥亨利（Henry Austen）把版權買回。翌年七月，珍·奧斯汀逝世。原書稿以《諾桑覺寺》（Northanger

Abbey）的姿態，與《勸導》（Persuasion）在半年後推出，成為其最後兩本面世的作品。

《諾桑覺寺》是一部諷刺哥特派作品的小說。當時的寫作風氣，以恐怖荒誕的故事為主；珍．奧斯汀就藉小說女主角凱瑟琳（Catherine Morland）的經歷，諷刺哥特派小說對讀者的不良影響。

小說中，凱瑟琳是一個對哥特派小說入迷的十七歲少女。因緣巧合之下，結識了年輕牧師亨利（Henry Tilney）。亨利的軍官父親以為她是富家千金，邀住他們家的中古寺院——諾桑覺寺。入住後，深受哥特派小說恐怖描寫影響的凱瑟琳不禁想入非非，疑神疑鬼，懷疑亨利母親的死與其軍官父親有關，使得亨利對凱瑟琳大為失望。然而因為亨利已經愛上凱瑟琳的緣故，最後他原諒了凱瑟琳的過失，向她主動求婚，圓滿結局。

在珍．奧斯汀的小說中，《諾桑覺寺》是一個不夠其他作品突出，甚至有點通俗膚淺的愛情故事。然而，珍．奧斯汀通過這本小說批評了哥特派小說的濫觴，以凱瑟琳的經歷喚醒活於現實的必要；重要的是，故事中的亨利沒有因為凱瑟琳普通的家境、古怪的頭腦與性格而對她嫌棄不顧。亨利的求婚，建基在真正對凱瑟琳的愛慕之上。純愛，始終是珍．奧斯汀在字裡行間，有意無意展現的最大追求。

一八〇三年，珍．奧斯汀，二十八歲。距離她因病離世，尚餘十四年。

達利

我愛畢加索，更愛卡拉

Salvador Dalí

一九三二年，薩爾瓦多．達利（Salvador Dalí），二十八歲。

軟趴的時鐘、乾枯的枝椏、平靜的海港、垂死的怪物……即使你叫不出畫作的名字，《記憶的永恆》（The Persistence of Memory）依然是超現實主義畫派的代表作之一。一九三一年，達利完成了《記憶的永恆》，同年在巴黎個展上展出；一年之後，達利攜同畫作初次參加於紐約舉辦的超現實主義群展，讓他成功於美國嶄露頭角，開啟歐洲以外的藝術市場。

「一刹那光輝不代表永恆」，如果《記憶的永恆》代表著達利的光輝，那麼身為繆思女神的卡拉（Gala），就是達利的永恆。達利與卡拉在一九二九年的夏天邂逅，彼此一見鍾情，但卡拉彼時卻是法國超現實主義詩人保羅．艾呂雅（Paul Éluard）的妻子——本名為艾琳娜迪亞科諾娃（Helena Diakonova）的俄羅斯女子，「卡拉」原是艾呂雅為她改的名字。

達利與卡拉愛得火熱，曾經何時，畢加索是達利最常想起的人，但認識了卡拉之後，卡拉卻變得比任何人都重要。「我愛卡拉勝過愛我的母親，我的父親，畢加索，甚至錢。」哥哥於達利出生前九個月死於腸胃炎，薩爾瓦多——哥哥的名字——藉著達利的出生借屍還魂，以致他自出生以來便背負著父母對哥哥的思念與期許，哥哥的影子愈大，達利渴望變得與眾不同的想法就愈強。在父親嚴厲的教條之下，母親的愛與鼓勵，漸漸變成達利心靈棲居之處，但卡拉的出現，卻勝過了母親的愛，成為達利餘生的追求與慰藉。一九三二年，卡拉與艾呂雅離婚，正式與達利開展新生活，成為他的經理人、模特兒，甚至是妻子——兩年後，二人舉辦了民事婚禮，確立了夫妻的名分。

早在《記憶的永恆》成為光輝之前，達利已經因著卡拉而創作不斷。《大自慰者》（The Great Masturbator, 1929）是達利為卡拉而畫的首幅作品，畫面中的巨大岩石狀物體代表達利本人，右側是女人為男人口交的畫面，此女人不作他人選，非卡拉莫屬。據說達利曾宣稱在遇見卡拉之前自己還是處男，是卡拉轉化了他、釋放了他，甚至啟發了他創作以性來抒述內心情緒的作品，當中包括《性慾的幽靈》（Spectre of Sex Appeal, 1934）及《蜜蜂的飛行》（Dream Caused by the Flight of a Bee, 1944）等。

雖然《蜜蜂的飛行》仍殘留超現實主義的影子，但隨著二次大戰進入尾聲，達利的畫風亦突然轉向，趨向古典風格發展，畫作中不乏受宗教、原子物理及量子力學影響的影子。而正是在這時期，卡拉從畫作背後的繆斯，一躍而成畫布上的模特兒，達利以更細膩精緻的筆觸，將卡拉的外貌與造型呈現於畫作上。其中之一便是著名的《力加港聖母》（Madonna of Port Lligat, 1949），聖母正在畫面中央慈祥地祈禱著，而這聖母恰好就是卡拉的化身，在別人眼中瘋狂躁動、野性難馴的達利，在卡拉這聖母之前，卻乖乖地安靜下來，達利在卡拉身上，找到了比母親更可依靠的情感連繫。

二十八歲，達利終於可以光明磊落地跟卡拉在一起，至一九八二年卡拉過身，頓失繆斯女神的達利才開始減產、收斂光芒。往後幾年，達利甚至多次被懷疑自殺，至一九八九年因心臟病離世，才免卻蒙上自殺的污名。

一九三二年，薩爾瓦多．達利，二十八歲，距離他前往倫敦拜訪佛洛伊德，還有六年。

保羅・策蘭

語言之痛，花冠重生

Paul Celan

一九四八年，保羅．策蘭（Paul Celan），二十八歲。

這年，策蘭出版了首本詩集《骨灰罐裡倒出的沙》（The Sand from the Urns）。即使詩集有多處印刷錯誤，三年來只賣出二十多本，剩下的詩集更被他打為紙漿——但策蘭在里爾克之後的德語詩壇地位仍然是毋容置疑的。一九五八年，他獲得不萊梅文學獎；一九六〇年，他又獲得了德語文學大獎畢希納獎。策蘭的詩歌，總是在巨大而陰鬱的氛圍中，閃現迷人而閃爍的靈光。

阿多諾曾經說過：「在奧斯威辛之後，寫詩是野蠻的。」雖然戰爭對猶太人造成不可彌補的傷害，身為同胞的保羅．策蘭，卻仍然堅忍沉著地，以詩歌直面民族的苦難。在一九四五年發表的〈死亡賦格〉（Death Fugue）中，他便以深刻獨特的節奏與意象穿透現實，控訴邪惡的納粹。

清晨的黑牛奶我們夜裡喝

我們中午喝死亡是來自德國的大師
我們傍晚早上喝我們喝呀喝
死亡是來自德國的大師他眼睛是藍的
他用鉛彈射你他瞄得很準

——〈死亡賦格〉（節錄，北島譯）

流離中重生，自撫母語痛楚

原名保羅．安切爾（Paul Antschel）的他，生於一九二〇年的一個猶太人家庭。一九四二年，他集中營裡的父親因傷寒病逝；而同樣陷於地獄的母親，更給子彈打穿頸項。一九四四年，他把自己的舊筆名（Ancel）改為策蘭（Celan）——生命的苦難、沉鬱與流離，都被他放在這個置換音節的名字中。

對於一個與猶太、與死亡對等的詩人來說，一九四八年是他的重生之年。即使以色列在這年立國，但他卻選擇在巴黎定居。在給以色列親戚的信裡，他寫道：「也許我是活到歐洲猶太人精神命運終結的最後一個人——一個詩人。若放棄寫作，這世界就甚麼都沒有。」對策蘭而言，留在歐洲這片被獄火燒焦的大陸，他才可抽離地審視苦難，還有母語中壓傷自己的字詞。

《骨灰罐裡倒出的沙》中，策蘭寫有一首名為〈墓畔〉的詩。在這篇作品中，策蘭叩問死於非命的母親，還有生命裡晦澀無明的母語：

你是否還和從前在家時一樣，
能承受這輕柔的、德語的、痛苦的詩韻？
——〈墓畔〉（節錄，北島譯）

在母親的規範下，策蘭自小就學習標準德語。因此，德語是策蘭的母語，是孕育策蘭的搖籃。偏偏就是這個語言的使用國，滅絕他的家族，謀殺了他的母親。生命泉源與死亡鐮刀，原來是一體兩面，殘忍而極盡可笑的虛妄。

墜入愛河：罌粟作為信物

策蘭也在一九四八年寫出詩作〈花冠〉（Corona）。「Corona」一字，源於拉丁文，有王冠、冠狀物、花的副冠、全蝕時日暈的意思。詩中反映的，是他與奧地利女詩人英格褒．巴赫曼（Ingeborg Bachmann）的情誼。該年五月，策蘭在維也納認識巴赫曼。當時巴赫曼正在撰寫海德格的研究論文，研究語言的限度，加上她又參與「四七社」文社，因此就與策蘭一拍即合，墜入愛河。

我們互相看著，
我們交換黑暗的詞語，
我們相愛像罌粟和回憶

——〈花冠〉（節錄，北島譯）

海德格說「語言召喚存在」，策蘭與巴赫曼正因為語言的牽引，發現語言之下的深淵，還有彼此那不可抗力的存在。而罌粟花朵的絢爛華美、種子可製成鴉片的功能，正好呼應愛情與生命危險詭暗、瞬可帶來毀滅的特質。死中求生，在荒原廢土中長出愛情。保羅．策蘭藉著詩歌，超越語言之痛，破滅死亡與恐懼的限制。

一九五三年，巴赫曼出版詩集《延遲的時光》（Die gestundete Zeit）。當中一首〈訴說黝暗〉（節錄），就被認為是回應策蘭〈花冠〉的詩作。

你凝望著黝暗的河
緩流過你身旁。
沉默之弦

緊繃於血浪，
而我緊握你心的歌唱。
——〈訴說黝暗〉（節錄，北島譯）

一九七一年，策蘭逝世一年。巴赫曼出版了長篇小說《瑪琳娜》（Malina），講述公主和東方陌生人之間的寓言故事。而那身穿黑色長斗篷的陌生人，就跟有著跟策蘭相似的，溫暖眼睛和磁性聲音。這個神秘來者，會不會就是保羅．策蘭的重生化身？

一九四八年，保羅．策蘭，二十八歲。距離他自溺於塞納馬恩河，尚有二十二年。

瑞蒙·卡佛

Raymond Carver

再給我一瓶酒

一九六六年，瑞蒙．卡佛（Raymond Carver），二十八歲。

瑞蒙．卡佛的一生跟他的小說一樣短。二十八歲的他已經走了人生一半路程，有一個九歲和一個八歲的兒子，從愛荷華市回到加州沙加緬度後，在仁慈醫院做著夜間打掃的工作，一做三年。

一九六三年，二十五歲的瑞蒙．卡佛從洪堡州立大學取得他的學士學位，很快他就把行李打包放到車頂上，前往愛荷華市。愛荷華大學以它的作家工作坊（Iowa Writers' Workshop）聞名，瑞蒙．卡佛受到他的大學老師理查德．柯特茲．戴（Richard Cortez Day）推薦，獲得五百元補助前往該校深造。後來，瑞蒙．卡佛的傳記作者卡洛．史克尼奇卡（Carol Sklenicka）指出卡佛在履歷中聲稱自己有藝術創作碩士（M.F.A）學位，其實只是杜撰。

因為他根本沒有完成學位。瑞蒙．卡佛的生活極度拮据，雖然獲得了資助，但夫妻倆仍然要不斷打工養活自己和孩子，卡佛在圖書館做時薪一、兩元的工，他的太太則在餐廳當服務生，這種生活維持了一年便已經到達極限。翌年保羅．安格爾（Paul Engle）曾考慮不再向他發放資助，儘管卡佛的太太親自跑去說服他，讓他回心轉意並發放更高額的獎助金，但仍然挽回不了卡佛離開愛荷華的心意，他不想再待下去，到底是因為思鄉抑或適應不了校園裡的中產習氣是不得而知，只知道最後在完成學位所需的六十個學分中，他只完成了十二個。待他再回到愛荷華，已經是十年後的事。

回到加州，卡佛回復半工半寫的生活，日間有時在書店打工，夜間則到醫院當清潔工，根據卡佛的說法，那還是個不錯的工作，因為他只需工作兩、三個小時，便能領到八小時的工資，只要將工作完成，餘下的時間他想回家抑或做甚麼都可以。於是頭一、兩年，他每晚完成工作後便早早回家睡覺，早上再爬起來寫作，因為孩子放在保姆家，而妻子則開始了她上門推銷的工作，所以他得享獨處的時光，寫作。

瑞蒙．卡佛的生活形態塑造了他的作品型態——簡潔、精確，準確捕捉日常生活裡絲微的裂痕和暗湧。他在訪談裡說明自己寫短篇小說的原因——「做著狗屁不如的工作、撫養孩子還試圖寫作，多年下來我有所體悟，我需要寫些很快就能完成的東西。我需要寫一些立即就有回報的作品，三年後不行，一年後也不行。所以，詩和短篇小說。」

一九六七年，他的短篇小說〈能不能請你安靜點？〉（Will you please be quiet, please?）入選《美國年度最佳短篇小說》，總算是得到他作家生涯的首個肯定，他高興得抱著那本書入睡了。然而，瑞蒙·卡佛的人生並沒有從此一帆風順，同年，他父親離世，而他也開始酗酒，破產、妻離子散接踵而至。或許瑞蒙·卡佛就跟他眾多小說人物一樣，始終弄不清楚到底自己的人生是哪一步出了差錯。

一九六六年，瑞蒙·卡佛，二十八歲，距離出版《當我們談論愛情時，我們談論甚麼》（What We Talk About When We Talk About Love）尚有十五年。

黃碧雲

也有幻滅 也有和解

Wong Bik-Wan

一九八九年，黃碧雲，二十八歲。

香港小說家黃碧雲，一九六一年生於香港，著有小說及散文近二十種，包括《溫柔與暴烈》、《我們如此很好》、《烈女圖》、《無愛紀》、《烈佬傳》、《微喜重行》、《盧麒之死》等，擁有相當堅固的讀者群，並被稱為「香港最後一個偶像級作家」。黃碧雲寫作多年，一直拒絕將舊作再版，也不肯出版大陸版，以至於翻版泛濫。一九八七年，她剛出版了第一本書《揚眉女子》，博益出版，現已被炒到天價。黃碧雲的首本個人小說集《其後》出版於一九九四年，都是她二十八歲亦即一九八九年之後的事。

失敗與私己

黃碧雲童年時讀天主教會學校，或者便像《微喜重行》小說開首場景的那樣，規律而虔誠，這大概影響了她書寫的工作模式。黃碧雲於中文大學新聞及傳播系畢業，在香港大學社會科學院獲犯罪學碩士，為合格執業律師，曾任新聞記者（包括《中報》、《新報》等）。當記者的日子，對黃碧雲來說相當重要，後來她聲稱那時「每天都想著返工」；但在李國威、張煥聘所做的訪談〈飄泊的年代〉（《博益月刊》，一九八九年八月一日）中，二十八歲的她表露了對工作的不滿與焦躁——一九八九年，黃碧雲是「商業電台」的記者——稱感到自己「很失敗，做不到有影響力的事」。她心目中「有影響力」的文章與作者，是能觸發起廣泛公眾討論，如一些外國的專欄作家文章因為國際媒體轉載，甚至真能引發社會、政制方面的變化。而在一九八九年的大時代，身為記者的黃碧雲，在天安門採訪回來，因為感覺到個人拆解歷史事件結構的理性追求，敵不過鎮壓的事實而結果甚麼都做不了，而將自己評價為「很失敗」。黃碧雲經常對自己要求很高。

現場採訪八九天安門也許是青年黃碧雲工作生涯的一個里程碑。不過在〈紀錄事件：佔領天安門〉（下稱〈佔領〉，《博益月刊》，一九八九年七月一日）中，黃碧雲寫下的許多是負面感受，如天安門廣場上的尿臊味、學生領袖出現貪污跡象、美好人們的失蹤等等，坦率地說在鎮壓前「天安門的一切愈來愈像鬧劇」。而作為歷史現場見證者，黃碧雲流露出對「歷史」的深刻執著與思考，這思考並是以非常個人「私己」的方式出現的：

我們都以不同方式去尋求歷史的肯定，中國尤其難以拒絕歷史的誘惑。但歷史如此沉重，沉重得令人難以負荷。在革命的高溫裡，我只反動地渴望有平靜的生活。

〈佔領〉中寫及的「私己」衝動，人們不難在此文中讀到一些張愛玲的影子，例如在白色恐怖彌漫的緊張時刻，仍偷得半小時去王府井買皮大衣、絲綢睡裙，便堪與〈燼餘錄〉中張愛玲和炎櫻走幾里路入城吃冰淇淋的事比擬。當六月四日坦克經過酒店外，黃碧雲甚至描寫出自己臉抵著牆、一個很白流蘇的姿態，有類《傾城之戀》的自白：

就只剩下這一些，其它的我都無能為力。天安門著火了。成千上萬的人流了血。而我渾身打顫，不能遏止。過往的平靜的美麗的優裕的聰明的生活，就打碎了。痛苦偉大的將來，就在火光中誕生麼？

還有形容戴晴時說，「她的思想，明晰如刀。如今我見著好的事物，亦不驚喜，只覺原應如是。她冷靜、明晰、決絕清亮。」中間一句頗有胡蘭成的語氣。或者超越了對張愛玲「暗藏的迷戀」（黃念欣語）之層次；親身經歷八九屠城，災難、恐懼與創傷，黃碧雲是以文學閱讀的養分，支撐著整個「私己」自我的敘述。至於後來，批評張愛玲人文素養成分不高，應亦包含黃對自己的要求。

歷史與幻滅

儘管私己在歷史面前顯得弱小，但二十八歲的黃碧雲無法不直面歷史的拷問：「歷史不分巨細，我們都在其中」，因此難以消化理解；但同時黃亦無法不去追求在歷史的輪迴中尋找規律與超脫的可能：「六四並非一個歷史的偶然事件。它的總方向是明確的：不斷的群眾運動（總帶點非理性的成分）及其鎮壓。歷史事件驚人地重複。我們必須對重複作最深刻的破壞與反省。」

六四事件之後，黃碧雲出現了極深的幻滅創傷，與對深刻的極端追求，這成為她日後寫作的核心糾結與關注之一。二〇一八年《盧麒之死》出版，黃碧雲接受鄭政恆訪問時說：「追求與幻滅兩種力量交纏，社會運動是人的追求和提升，但愈提升，幻滅感也愈大。」「我看到的，是人的出賣、人的軟弱，人只想回到所謂正常的生活，而生活充滿幻滅、漂浮的感覺。」（〈香港還有故事未說完〉，《明報》）可見黃仍在八九民運後的思考軌跡上。六四事件二十九年後，黃碧雲在《盧麒之死》中說出「我們從歷史沒有學會甚麼」——有人會遙遙想念，那說「必須對（歷史的）重複作最深刻的破壞與反省」的銳氣。

群眾與信任

歷史是以「群眾運動」的面目衝擊黃碧雲的，面對天真又善良的北京群眾，黃碧雲批評自己「怯懦」：「北京市民如此勇敢而你又如此怯懦，又不見得誰的生命比誰的寶貴些。我無法思想亦無法工作，只是神經如此尖如此細，小刀一般刺痛我每一寸皮膚。」「歷史事件在我們眼前發生（北京失火了）。我們卻怯懦得無能為力。」但這怯懦的私己，當時曾是黃碧雲唯一可以依靠的事物，她連打個電話報平安都無人可找。

面對高貴情操而造成的巨大創傷、及面對歷史時刻的無力感，回到香港之後則變成對於香港群眾運動的失望，以致造成極大的幻滅。黃碧雲在一九八九年《博益月刊》八月號的〈狂熱之後〉，狠批香港支援北京民主運動只著力感染與煽情，缺乏理性基礎，「光是憤怒並不給予群眾行動的方向」，白白浪費了教育及帶領群眾的機會，只是喜氣洋洋地遊行集會八小時；而群眾亦呈潰散狀，集會逐漸人少，態度馬虎及無奈，無心叫口號，並作鳥獸散；運動部分轉向為「要求英國給予香港人居港權」，是在同胞屍骨未寒之際就忘情自保。黃碧雲直指支援運動已失敗。

當時，黃碧雲肯定的是在運動中個人的覺醒、認識到必須參與政治、自我管理。她認為群眾不再狂熱，是一種進步與學習。「因為政治不是狂熱幼稚病，它是公民生活的一部分。」（〈狂熱之後〉）相反，「群眾」是要被揚棄的：「一場民主運動裡，群眾開始退下舞臺。他們已經完成他們的歷史使命——巨大的團結已經不可能。」或者由此可見，黃碧雲是個人主義者，她信任的是個人（不論精英、庶民），而群眾似乎僅是集結來達到政治目標的手段。在寫及二〇一四年佔領運動的〈陰天，間或有陽光〉中，黃碧雲說：「權力、貪婪、暴烈，從來不會離開人，也即是群眾。自稱理想主義者最大的罪行，是不願意認識自己。我們從不理想，不可能完美。」在此，關注理想主義群眾運動，而又不能信任群眾的黃碧雲，或者無法不一再經歷理想的幻滅——她便以此幻滅為創作的底色。過往這種幻滅的自傷色彩曾受到批評，但在二〇一八年傘後創傷的氛圍中，則受到不少文藝青年的擁戴。

傷害與和解

一九八九年四月，當民運山雨欲來，在報章上曾有鍾玲玲和黃碧雲的公開信來往。首先是署名「阿灰」的鍾玲玲在《明報》專欄中寫了三封〈致黃碧雲書〉，三文均篇幅短小（並是鍾一貫重複述說的風格），提及黃碧雲「數落」她，對她造成傷害，文中多處提及「傷害」，並說「儘管我們素未謀面在人生的道路上既接近也相遠，你眼中的我一無是處但我心中的你卻光可鑑人，你的光芒也曾觸痛了我但請求你不要像傷害我一樣地傷害自己。」並指「我和你之間有著某種難以歸類的關係與無以名狀的情感」。

黃碧雲幾乎是馬上回信的，〈雖然你傷害我，我仍一無所懼〉。到底她說過鍾玲玲甚麼？似乎不得而知，但黃在文中提及自己曾經「不喜歡瑣碎」，而又坦承當時「我年輕，我性格飛揚」，似有悔悟。黃多次以「委婉」形容鍾玲玲的文字，「如此深刻如此痛」則有時指鍾，有時自指。黃在文中三度寫「我從不認識你」，但態度卻在重複中轉變，有自承不是、不知者不罪、以至開始認識的親近味道。黃表示無意傷害，同時互相勉勵：「我們面對生命，必須一無所懼。不要奢言傷害，因為對於存在，你別無選擇。」重複中有對立與互融，此亦前所未見的兩位女作家公開信對應。後來兩位作家如何變成好友，此處無法詳述；但生命傷害有時，和解有時，小小的驚險轉折，或者是彌足珍貴的情感教育。

一九八九年，黃碧雲，二十八歲。距離她離開香港到西班牙，還有十一年。

虛度年華・三三

吳爾芙

就是要出門，就是要遠行

一九一五年，維珍尼亞．吳爾芙（Virginia Woolf，臺譯維吉尼亞．吳爾芙），三十三歲。

第一次世界大戰已經爆發了一段日子，戰事愈來愈白熱化。一九一五年，德國一方面開始無間斷地向英國進行空襲，另一方面開始實施無限制潛艇計劃，令英德之間的爭戰更趨激烈。戰爭幾乎都是男人較勁的戰場，沒有人知道，在倫敦布盧姆茨伯里的一間房子裡，吳爾芙也在默默地經歷一場心戰。

自一九〇五年投入職業寫作生涯以來，吳爾芙慢慢地累積了點想法。一九〇八年，她著手寫作第一部小說，小說於五年後寫成，但並未即時公開發表；耽擱了一段時日後，這部小說終於在一九一五年以《遠航》（The Voyage Out）之名出版。從動筆到付梓期間七年，除了因為吳爾芙受情緒困擾，令出版遙遙無期，還因為她對創作與創新有所追求，她希望藉著這本小說探索自身寫作的方向與模式，於是七年來數易其稿，雖然後來留下了五種草稿，但被她燒掉的，似乎更多。

從《遠航》開始，吳爾芙將其後的作品取名為《燈塔行》（To the Lighthouse）及《海浪》（The Waves），無不指向旅途上未完的尋找，與其說這是種巧合，也許說吳爾芙透過小說來尋找並實現自我，似乎更符合作家本人與讀者的期望。的而且確，《遠航》的故事，從倫敦街頭、二十四歲的雷切爾、自我封閉、兩性關係到女性選舉權等等，不但有著吳爾芙生活的影子，甚至不難見到她對性別問題及政治議題的個人想法。而故事中雷切爾作為受過教育、卻在保守環境下長大的年輕女性，能夠在一次前往異國的旅途上認識了自我與人生，似乎亦是吳爾芙對自己的期許。

再看一下《自己的房間》（A Room of One's Own）這段話：「真要追究珍．奧斯汀的處境對她的作品有何壞處，那也在她生活的範圍太狹隘了。那年頭女人家根本不能孤身出門。像她就從來沒出過遠門去旅行，從來沒坐過公車穿行倫敦街頭或獨自在館子裡用餐。」除了為人熟知的「錢與房間」論，吳爾芙亦在書中提出了關於旅行與寫作的想法，她認為女性旅行在未獲認可之前，小說創作不失為女性憑藉想像以延展自我的一種有效手段——吳爾芙成長的年代，女性不能獨自上街，買東西的話，不是差傭人去做，就是讓其他人陪著。離家是甚麼？旅行是甚麼？女性是甚麼？女性作為自我的主體又是甚麼？加上兒時被兄長侵犯的恐怖經歷，成長時期的吳爾芙雖然羞怯，卻無時無刻不在思考成長、女性及自我等意義。

《遠航》被視為一部成長小說，在途上認識了不同的人之後，吳爾芙安排雷切爾染病死去，但現實之中，吳爾芙並不想過被動的人生。她在衣袋中放入石頭再投河自殺，雖然她會游泳，最後還是靠意志自溺身亡，這種能夠操縱命運、成全自我的能力，對她來說可能期待已久，似她在《海浪》中預告的：「我要縱身向你撲去，我永不認輸，也永不屈服，啊，死亡！」從《遠航》到《海浪》，吳爾芙也像雷切爾一樣，成長了。

一九一五年，維珍尼亞．吳爾芙，三十三歲，距離出版《自己的房間》，尚有十四年。

沙林傑

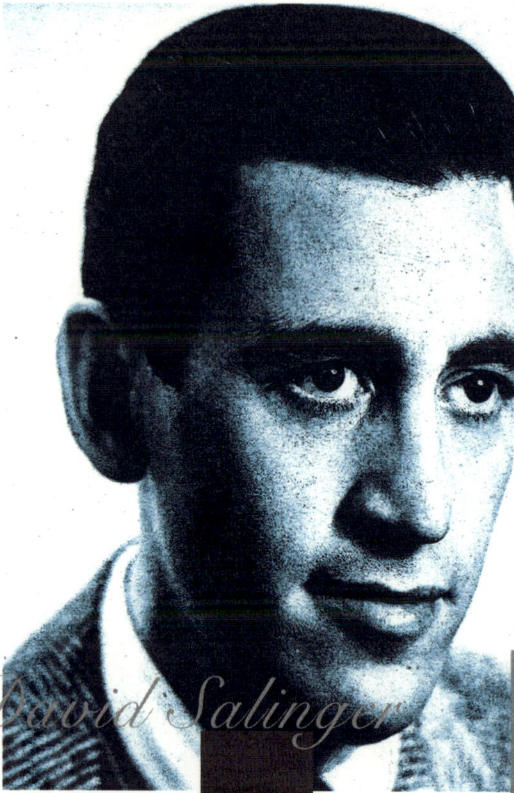

成名讓人困擾

Jerome David Salinger

一九五二年，沙林傑（Jerome David Salinger），三十三歲。

踏上山坡，眼前是一片遼闊的山脈，延綿不絕的田園和樹林，他深呼吸一口冷冽的空氣，繃緊的神經好像稍微放鬆了下來。縱使這樣的時刻並不多，沙林傑的神經一直都很繃緊。

這裡是新罕布夏州的科尼什鎮。沙林傑幾乎是逃也似的從紐約來到這個鄉郊小鎮，帶著他的妻女。他從前一年的秋天，就一直想著要離開紐約，離開那個狂熱、把他吹捧得喘不過氣來的名利場。

這一切的起因，都是因為他去年出版了一本風靡全國的小說，《麥田捕手》（The Catcher in the Rye）。

有說至今《麥田捕手》已經在全球售出超過六千五百萬冊，有二十七國的譯本，讀者人數可能破億。《麥田捕手》裡的霍爾頓．考爾菲德是永遠的少年，他脆弱、敏感、憤世，對所有事情都看不順眼，他是比「垮掉的一代」更早垮掉的一個，是占士甸出現之前的占士甸，他的身影注定長存於每一代的年輕人心中。

沙林傑用了十年時間寫這部小說，帶著手稿出入戰場，搶灘諾曼第、穿越赫根森林、目睹集中營，甚至住進精神病院。這部小說經歷戰時，誕生於戰後頹廢、蕭條、百廢待興的環境中，有人說這是一部戰爭小說，而對沙林傑而言，或許它是幫助他渡過艱難時刻的一根救命稻草。

無人聆聽的霍爾頓

霍爾頓就是沙林傑。《麥田捕手》是一部半自傳式的小說，沙林傑首部長篇小說，綜合了他頭三十年的人生歷練。在此之前，他只發表過一些短篇，但當中一些我們已看得見霍爾頓的影子，比如他在一九四五年十二月發表於《柯利爾》（Collier's）雜誌的〈我瘋了〉（I'm Crazy），這個短篇被視為《麥田捕手》的起源，是他在歐洲期間寫的第一個以霍爾頓為敘事者的短篇故事，還有在一九四六年刊登於《紐約客》（The New Yorker）的〈麥迪遜大道的小叛逆〉

（Slight Rebellion off Madison），故事的主角也是霍爾頓。他前前後後寫過六個以霍爾頓為主角的短篇。

不過，《麥田捕手》的出版並非一帆風順，先後經歷兩次退稿，《紐約客》編輯認為霍爾頓口才太好，太牽強；哈考特出版社的編輯問：「這小子（霍爾頓），他是瘋子嗎？」這問題幾乎把沙林傑氣哭，這一整個經歷，簡直就像將《麥田捕手》裡所談的事情真實上演了，就是這些成年人永遠沒去理解你，甚或只是好好的聽你把話說完。

事實上，在《麥田捕手》裡，能讓霍爾頓心境比較平靜的，就是和小孩子相處的時刻，例如他在公園裡遇見妹妹菲比的朋友——「我把她的溜冰鞋綁緊以後，她向我道謝。她是一個很好、很懂禮貌的小妹妹。老天爺，我就喜歡那樣的孩子，你給他們綁了溜冰鞋甚麼的，他們很懂禮貌，會向你道謝。大多數孩子都這樣，真的。」又像是他後來偷偷溜回家去看妹妹菲比，只為了和她好好地聊一聊天，成就那個經典的段落——

無論如何，我總是會想像，有那麼一群小孩子在一大片麥田裡玩遊戲。成千上萬個小孩子，附近沒有一個人——沒有一個大人，我是說——除了我。我呢，就站在那混帳懸崖邊。我的職務是在那裡守備，要是有哪個孩子往懸崖邊跑來，我就把他捉住——我是說孩子們都在狂奔，也不知道自己是在往哪裡跑，我得從甚麼地方出來，把他們捉住。我從早到晚就做這件事。我只想當個麥田捕手。我知道這有點異想天開，但我真正想做的就是這個。

縱使《麥田捕手》出版有點阻滯，但仍無阻它成為瘋魔萬千青少年的作品，紅色獵人帽成為了象徵，被爭相模仿，沙林傑就像成為了他們的代言人、他們的教主一樣，雖然他本人沒有一點這樣的意圖。從一開始，沙林傑就相當低調，他要求出版社不要寄送試閱版，也不要把任何書評轉寄給他，他拒絕出席宣傳活動，甚至走避到歐洲、墨西哥，更在三刷的時候，把印在封底的自己的照片拿走。

成名為沙林傑造成相當大的困擾，《麥田捕手》空前的成功，此刻對他而言，只餘下深深的後悔。他終其一生都試圖擺脫它。然而，《麥田捕手》作為他第一本亦是唯一一本長篇小說，注定和他脫不了關係，這到底是否加深了他隱忍的性格，和日後走向東方哲學與禪宗的導火線？《麥田捕手》之後，沙林傑過起隱居的生活，也很少發表作品，對於一位作家，創造了經典，卻反被自己的作品定型，也不知孰幸孰不幸。

一九五二年，沙林傑，三十三歲，此後他都沒有寫出比《麥田捕手》更轟動的作品。

胡金銓

我的武俠片革命才剛開始

一九六五年，胡金銓，三十三歲。

這一年，胡金銓告別了他多年的演員生涯，同時，他作為電影導演的武俠片革命，才剛開始。

首次正式執導即遇挫折

一九六五年，胡金銓剛完成了首部正式擔任導演的電影——《大地兒女》。電影劇本改編自他鍾愛的中國作家老舍，包括小說《火葬》以及《四代同堂》。胡金銓是老舍的忠實讀者，甚至在一九七七年出版了一本專研老舍的著作《老舍和他的作品》。

這部電影處女作，並非他後來登峰造極的武俠片，而是一部抗日電影，講述日本侵華時期，小鎮村民組織游擊隊捨命還擊的故事。胡金銓在電影裡飾演警署署長兼游擊隊隊長丁老虎一角，原因是他在邵氏的演員合約尚未完結，「不得不還要演戲」。這位丁老虎在日軍打來時組織村民抵抗，是一位英雄好漢，胡金銓似乎為自己的演員生涯留下了一個善終。

然而，他的首部電影作品卻沒有「好下場」，於東南亞的票房慘遭滑鐵盧。由於新加坡與馬來西亞正實施反種族法，電影遭到電檢，不得不大量刪減日軍暴行場面和中日對抗鏡頭，大大打擊電影的吸引程度。當時胡金銓正在開拍另一部同主題的間諜片《丁一山》，亦卻由於《大地兒女》票房未如理想，加上政治因素，邵氏決定中止拍攝。

但胡金銓仍然憑《大地兒女》，後來在臺灣第四屆金馬獎獲得「最佳編劇獎」、「最佳剪輯獎」以及「最佳發揚民族精神特別獎」三個獎項，受到高度肯定。

武俠片革命，捧出成龍洪金寶

《丁一山》拍攝計劃胎死腹中，《大地兒女》又花了一大筆資金，當時邵氏要求胡金銓避開反日情緒，拍一部不花成本、商業性高的電影。正正是出於這個看似不可能的要求，三十三歲的胡金銓開始執導他第一部廣受歡迎的武俠片——《大醉俠》，掀起了武俠類型片革命的序幕。

當時，武打片並非電影產業的新鮮事物，留下很多現成的服裝和布景給胡金銓使用，《大醉俠》裡專門搭建出來的布景，也只有電影裡的客棧而已。而且，胡金銓起用的全是邵氏的新人。就在這種低成本的製作環境下，胡金銓拍出他第二賣座的武俠電影，亦奠定了胡氏武俠片的作者風格。

一切當然不是偶然而來的。胡氏武俠片其中一個標誌性的風格，就是把京劇的舞蹈融入電影中的動作場面裡，這風格一方面也是胡金銓自小熟悉京劇之故，一方面來自他一直沿用的動作指導兼京劇舞蹈師韓英傑。韓英傑過去是名特技演員，在《大地兒女》中，胡讓他第一次當上正式演員，自此之後，韓經常在胡金銓的電影中演出，甚至擔當電影的動作指導。

不得不提的是，當時韓英傑的助手，就是後來著名的動作指導兼演員，洪金寶。胡金銓當時是香港幾間京劇演員學校的理事，不時會找學校裡的小孩幫忙拍戲，《大醉俠》裡就有成龍、吳明才和程小東。

《大醉俠》在武俠片上的革命性創新，在於以自由發揮的京劇武打，取替寫實的武術，令電影中的動作成為象徵性和想像的表現。其中一例，就是開創了利用彈床的拍攝手法：胡金銓利用彈床製造人向高處躍起的效果，並「以剪接技巧，把肉體上不可能做到的動作偽裝成真」，令武打場面變得更富想像力和藝術美。

香港作為革命起點

從這一年起，直到七〇年代，屬於武俠片的鼎盛時期。與胡金銓同屬邵氏的著名武俠片導演張徹，也在這個時期冒起，兩人分別代表陰柔的武術風格，以及陽剛的暴力美學，為武俠片這一類型電影留下了重要的遺產。後來，武俠片的風潮漸漸被李小龍的《唐山大兄》等功夫片取替。

《大醉俠》是胡金銓唯一一部在香港拍攝的武俠片。完成《大醉俠》後，胡金銓因與邵氏老闆邵逸夫決裂，決定離開香港遠赴臺灣，改投臺灣聯邦影業公司；及後，在臺灣完成他最賣座而且改變臺港武俠片風格的經典電影——《龍門客棧》。有論者提到，《大醉俠》可算是《龍門客棧》的藍本，我們也可以肯定，一九六五年，胡金銓在香港開始了他的武俠片革命。

一九六五年，胡金銓，三十三歲。距離他獲英國電影年鑑《國際電影指南》列為當年世界五大導演之一，還有十三年。

福克納

William Faulkner

我不是廢青

一九三〇年，威廉．福克納（William Faulkner），三十三歲。

李滄東導演的《燒失樂園》早前曾一度引起熱議，相較村上春樹的原著《燒倉房》，李滄東更為男主角鍾秀補上了另一線索——《燒馬棚》（Barn Burning）。在福克納多個短篇小說之中，《燒馬棚》可算是相當出色的一個，小說中脾氣暴躁的父親阿伯納（Abner Snopes），習慣以燒馬棚的方式解決一切衝突，兒子沙多里斯（Sartoris Snopes）一次又一次看在眼裡，終於無法忍受父親的暴戾，阿伯納與沙多里斯之間的衝突，在電影中變成了鍾秀與父親的角力。再一次，福克納用文學表現了人性。

身為現代主義及意識流大師，不少人都覺得福克納的作品晦澀難解。擅長創作短篇小說，他可以用幾個字組成一個故事，像「我媽是一條魚」（My mother is a fish）便是一個章節；他又可以將大家認識或不認識的字詞拼湊在一起，組合出層次豐富的意思來。在代表作

《押沙龍，押沙龍！》中，一個由一千二百八十八個英文詞語組合而成的句子，便曾一度為福克納打入健力士世界紀錄。

有人覺得福克納難以理解，也有人從他身上得到靈感。「讀了福克納之後，我感到如夢初醒，原來小說可以這樣地胡說八道，原來農村裡發生的那些雞毛蒜皮的小事也可以堂而皇之地寫成小說。他的約克納帕塔法縣（Yoknapatawpha）尤其讓我明白了，一個作家，不但可以虛構人物，虛構故事，而且可以虛構地理。於是我就把他的書扔到了一邊，拿起筆來寫自己的小說了。」福克納的《喧嘩與騷動》（The Sound and the Fury）鼓舞了莫言揮動「高密東北鄉」的旗幟，將那裡的土地河流、地痞流氓、英雄好漢統統寫進小說之中。就這樣，莫言緊隨福克納，成為了諾貝爾文學獎得主。

福克納能夠成為美國「南方文學」的代表人物，甚至獲頒諾貝爾文學獎，對不少美國同鄉來說，無不大跌眼鏡。在富裕家庭出生的福克納，自小醉心文學，因為一心成為詩人，高中時已主動提出退學，憑父蔭、靠父幹，福克納在家閒著沒事就讀書寫詩，他看自己是文青，但在別人眼中，他卻是徹頭徹尾的廢青。有時候，親友為他找來了工作，他卻懶得認真去做，往往「炒魷」收場，住在牛津鎮的鄰居及親友都無法理解他的所作所為，無心工作、創作又不見起色，一事無成的福克納，大家都以他為恥。

直至他開展其「約克納帕塔法」系列小說，福克納在創作上的才華與能力方開始為人所認同；系列當中，又以《喧嘩與騷動》至為成熟，堪稱福克納的成名之作。這一部連莫言都推介的作品，講述美國南方破落戶康普生家族的生活，亂倫、殘障、奴隸、絕望、虛無……種種難堪的現實與美國的現代發展雙線並行。康普生家族的衰落正好反映南北戰爭後的改革與轉變，黑人奴隸制度漸漸瓦解，身為望族之後的福克納感慨萬千，在書中借用三名兒子的獨白來交代故事，意識流手法運用之熟練與恰到好處，更令他躋身美國意識流文學代表之列。

而在一眾角色之中，小兒子班吉（Benjy）的意識流描寫更是出色。福克納將班吉設定成一個白痴，三十三歲的人卻只得三歲小孩子的智能。但亦因此，班吉的意識流更不受一般邏輯所限制，令福克納得以跳脫出傳統小說的敘事與寫作模式，勇於創新與實驗的取態，竟然為他取得了意想不到的成功。

如果說班吉讓福克納初嘗成功滋味，那麼福克納的真正成功，便隨著《我彌留之際》（As I Lay Dying）的出版於一九三〇年來到。書中的本德倫家族（Bundren family）同樣住在虛構的南方約克納帕塔法縣，但跟《喧嘩與騷動》不同，本德倫一家乃來自低下階層的務農人士。福克納沿用意識流手法之餘，更加入了大量南方方言與俚語，例如會用「durn」代替「darn」（該死的），又例如「Dewey Dell a-taking good keer of her」一句，南方語言中有時會省略「r」音，因此「a」是「are」的近音，「keer」也是「care」在南方的發音，而「a」用在第三人稱後面，更不是符合語法的表現，福克納故意為之，突顯了他對自己作為南方文學家的意識，畢竟南邊的密西西比州一直是福克納成長的地方，即使三十三歲時因結婚搬離祖家，福克納至逝世前一直居住的「Rowan Oak」，離祖家也不過一段距離而已。

雖然在嘗試成為詩人的那段日子，福克納拜父蔭所賜不愁生活，但生於南北戰爭後的密西西比州，傳統制度與父權社會的沒落，不但鼓勵福克納以另一角度思考傳統，揭開南方世界勇敢、正直、自由的糖衣，他更見到奴隸制腐敗、不人道的一面，以至在《喧嘩與騷動》及《我彌留之際》之中，一方面讓黑人奴隸說話、一方面又提升女性在故事中的形象與影響力；而在《燒馬棚》之中，福克納更以父子的衝突來表示對傳統社會的不滿，比之李滄東的《燒失樂園》，福克納的文字更加直接有力，以致八十年後的今天，依然有被改編的價值。

一九三〇年，威廉·福克納，三十三歲，距離他奪得諾貝爾文學獎，尚有十九年。

寺山修司

Shūji Terayama

我想殺死我母親

一九六八年，寺山修司，三十三歲。

一年前，三十二歲的他成立演劇實驗室「天井棧敷」，從此顛覆整個日本劇場。一九六八年，他產出了八部戲劇作品，當中包括三年後被拍成同名電影，讓他從此踏足電影界的劇本《拋掉書本上街去》，「天井棧敷」亦漸漸由地下劇團走向「天井」，登上戲劇界的頂端。

但於他而言，更值得興奮的是，前陣子他為母親立了一個活墓碑，他急不及待要邀請母親前往，並打算哄騙她說：「我們回青森吧。」哼著美空雲雀的〈悲傷的口哨〉的歌詞：「勾一勾小指約定來日再相逢／笑著道別離」，這是多年前，他與母親在車站的訣別之歌。

然而，寺山修司對車站的回憶向來很糟糕。他想起早早戰死沙場的父親，明明是個刑警，卻酒精中毒，每次酒醉後就跑到車軌上嘔吐。他想起在車站送別父親後，父親出征的那一晚，一個男人和母親纏綿，他看到從棉被露出來的四條腿、紅襯衣，在宛如月亮的二十瓦裸燈泡下，清楚目睹了性愛畫面。

像是要報復母親一樣，寺山修司的作品裡，母親皆是癲狂醜陋，性與慾赤裸裸地在人前攤展，並總是與兒子曖曖昧昧，顯盡是不倫之味。兒子離家出走、少年被中年女人強姦、母親禁錮兒子、弒母等情節在他的作品中比比皆是，如在劇場《身毒丸》裡（或電影《草迷宮》），兒子既「仇母」又「戀母」，與養母起初互相憎恨，然後殘殺，最終相戀；在《死者田園祭》裡，母子二人相依為命，關係親密，兒子坦承自己想「割包皮」，母親卻馬上斥責，唯恐兒子長大成人離她而去，連「手錶」也不讓兒子獨有，只准他跟隨家中唯一的「時鐘」，並認為把時間帶出去外面簡直荒唐，擁有相同的時間才是幸福。

無法掌握「時鐘」的寺山修司，即使去到二十四歲也未能獲得自由，他的母親總是跟追其後，甚至曾搬進他的套房裡。幾年後，他開始寫短文《離家出走的建議》，告知母親後卻得到贊成，原因是：「因為如果你要離家，我也會跟你一起走。」母親如影隨形，抹不走除不掉，於是時間與記憶，變成寺山修司的核心命題，在《再見方舟》裡，能夠掌握「時鐘」的人就擁有權力；在短片《檻囚》裡，黑衣男人成為「人體時鐘」，以自己的影子作為時針，代價是從此囚禁其中，但起碼能擁有自己的時間；在《上海異人娼館》和短片《雙頭女》裡，那些依舊留在牆上的影子，彷彿證明了記憶無法抹去，但在短片《擦膠》中，即使無法成功，寺山修司仍試圖刮掉畫面上的往事，刷走與父母的回憶。

為了逃離母親的影子，甚至逃離自己的影子，寺山修司可算得上是不惜一切。小時候的他為了延長奇短的生命線，不惜用鐵釘割傷手掌，弄得滿手鮮血，這種歇斯底里地對抗命運的精神，讓他那些猶如煉獄的作品中，透出一絲亮光。一九六八年正值日本全共鬥運動，三十三歲的寺山修司依然有火，他關注青年，於同年寫出作品《拋掉書本上街去》，勸喻大家拋下書本，走上街頭。他改寫青年人的命運，《離家出走的建議》讓不少年輕人真的離家出走（如日本導演園子瘟），短片《青少年電影入門》更鼓勵人拍電影，故此，雖然瘋狂——寺山修司的確成功了，他除了能夠改變未來，也成功改寫過去。

打開寺山修司的自傳，第一章他便告訴讀者，即使他明知自己不可能在寒冷的火車上出生，但他依然確信「我的故鄉是在火車上」。的確，過去無法抹去，但可以進行創意改寫，因為「實際上沒有發生的事，也是歷史的背面」。說到這裡，不得不打斷一下——其實，開段的「為母親立活墓碑」是我隨意捏造的，至於自傳裡的一切，包括「目睹母親與男人纏綿」一事也無法肯定真偽，然而寺山修司認為，唯有改寫過去，人才會從現在的束縛獲得解放。劇作《毛皮瑪麗》，寫下在戰後父親的缺席之下，一些可能發生的故事：他讓倖存下來的父親變成母親，既讓人重新思考母親角色的定義，也反思「母親文化論」的禍害：母親的身分，不正是讓女兒、妻子等身分受害，讓他們失去自我嗎？如此一想，寺山修司作品裡性的解放，不也在試圖削弱母親的形象嗎？或許，真正的「弒母」，是要殺死「心中的母親」；

真正的解放，是要讓「母親」得到解放，如拋掉書本的年輕人一樣，拋下傳統觀念，爭取自立自主，反抗專制與權威。而《毛皮瑪麗》，正是寺山修司於三十二歲，即「天井棧敷」成立之年推出的首輪作品，當中意義自然非凡。

一九六八年，寺山修司，三十三歲，距離他拍攝「自傳」《死者田園祭》尚有六年，電影的最後，他始終沒有殺死母親。

王爾德

女性時尚雜誌的毒舌編輯

一八八七年，奧斯卡．王爾德（Oscar Wlide），三十三歲。

王爾德的名聲在當時好壞參半，他雖靠著出版《詩集》打響了名堂，但花枝招展的他亦是不少人的攻擊目標。雜誌《Punch》刊登過一系列漫畫和文章諷刺這位唯美主義信徒，他們的編輯柏南德（F.C. Burnand）更以王爾德為原型創作諷刺劇作《上校》（The Colonel）。

結了婚，生了孩子，花花公子王爾德，也不得不為生活躊躇。靠著在《蓓爾美街報》（Pall Mall Gazette）與《戲劇評論》寫書評和劇評的微薄稿費，似乎不足以支撐他一家開銷，幸好這時有人邀請他當雜誌編輯。

而來邀請他的竟是一本婦女雜誌，或許應該說是淑女吧，一八八六年創刊的《Lady's World：A Magazine of Fashion and Society》，主打上流階級的淑女市場，為闊太們介紹新款時裝、化妝品與潮流趨勢，教你如何成為一個儀態萬千的淑女，然而，王爾德一上場便將Lady一字劃掉，將雜誌改名為《Woman's World》，別小看這改動，其實象徵了十九世紀末女性社會地位的轉變，如果Lady是指待字閨中的少女、家庭主婦和母親，Woman就是指向那些受過教育，投身職場並獲得經濟獨立條件的女性，市場趨勢無疑已經開始轉變。

在這裡也不得不提《Lady's World》出版社Cassell and Co.的市場觸覺，他們正是察覺到這種趨勢，才會找上王爾德吧，畢竟王爾德在當時倫敦也是個風頭人物，言行出眾、特立獨行、衣著出位，只是把他的名字印在封面上，就足夠吸引一班讀者。

王爾德的改革還不只是名字，內容上也是向深度邁進的。有別於以往專注於介紹流行服飾的「時裝雜誌」，王爾德為雜誌增添不少嚴肅文章，包括女性教育、政治議題，題材更具社會性和思想深度，王爾德將《Woman's World》定位為「第一本為女性而設的社會雜誌」，除了要知道她們穿甚麼，更要知道她們想甚麼。當然還不少得文學：短篇小說、詩歌，以及介紹文藝界有名女性的傳記文章，拓闊了女性的文學市場。王爾德亦在雜誌裡自設「文學筆記」（Literary Notes）專欄，撰寫評論文章，被他評論過的作家藝術家超過二百人，包括葉慈（W.B. Yeats）、惠特曼（Walt Whitman）、威廉·歐內斯特·亨利（William Ernest Henley）。

雖然如此，王爾德並沒放棄時裝市場，這裡重溫一下他對時裝的看法：「說到底，時尚是甚麼？從藝術角度來看，它通常是一種醜陋的形式，以至人們忍無可忍每六個月便要把它修改一下。」（And, after all, what is a fashion? From the artistic point of view, it is usually a form of view, it is usually a form of ugliness so intolerable that we have to alter it every six months.）單單一句說話，便看出了王爾德幽默譏諷的性格，以及他如此惹火的原因。從這句說話看，王爾德認為時尚的價值不及藝術，時尚不停轉，藝術才永恆，但不代表他厭惡時尚。

他討厭的只是維多利亞風格的時裝，緊身、束腰、高胸、裙子像傘一樣拱起，王爾德認為這種穿著並不健康，他更推崇唯美主義服飾（Aesthetic Dress），使用前工業時期染料和技藝，拒絕緊身，主張裝飾性與實用性兼備。一八八一年，當時有位 Lady Harberton 創立了「理性著裝協會」（Rational Dress Society），她認為衣著應該寬鬆實用，捨棄骨架胸衣，不應該穿超過七磅重的內衣，從而更健康活力。雖然她的主張不得當時大眾認可，被認為離經叛道，但王爾德和他妻子都是她的支持者。從這例子亦可見，女性衣裝亦是女性地位抗爭的場域。

興致勃勃地進行了一系列改革，兩年後，王爾德的興致亦差不多燒光，討厭每天朝九晚五的他，最後在一八八九年辭去編輯工作，而《Woman's World》亦在他離開一年後宣布停刊。

一八八七年，奧斯卡．王爾德，三十三歲。距離《快樂王子》出版，尚有一年。

沙特

存在，虛無《嘔吐》

Jean-Paul Sartre

一九三八年，尚－保羅．沙特（Jean-Paul Sartre），三十三歲。

還有一年，二次大戰就要爆發。就在戰爭發生前十年，沙特在氣象臺裡服兵役，一年多後兵役期滿，他卻棄武從文，有軍官不當，反而轉到中學去教哲學。就在歐洲淹沒在戰爭一觸即發陰影下的那幾年，沙特在課餘時繼續埋首哲學論文與小說創作。期間，他到柏林進修現象學，幾年後他對現象學有了一定把握，可惜還不夠，這似乎還未足以解釋存在這回事。戰爭的烏雲更近了，刀劍無情，在強權之下，人的存在是甚麼？人的價值又是甚麼？

這是個令人作嘔的世界，羅岡丹這樣想，沙特也這樣想。羅岡丹的日記，其實就是沙特的思考紀錄。那是沙特在三十三歲時發表的《嘔吐》（La Nausée），據說小說在出版之前，沙特雖已數易其稿，卻仍然未獲出版社青睞；後來有出版社願意接受這部小說，沙特也接受建議放棄原有書名，並以《嘔吐》為其命名。從此，《嘔吐》成為沙特最著名的作品之一，而男主人公羅岡丹對存在的思考，亦為沙特的存在主義奠下了雛型，影響後來不知多少文學家、哲學家。

跟沙特一樣，羅岡丹也在尋找存在的意義。因為失戀幾近崩潰，羅岡丹為了治療情傷，獨自出發去旅行；好不容易在海邊安頓了下來，憂鬱的感覺卻像岸邊的海浪一下比一下強烈地襲來。心愛的女人離開了他，身邊再也沒有值得花心思、花時間對待的人，其他人呢？不是唯利是圖、就是冷酷無情，多像他置身的這個國家、這片大陸，在一次大戰之後，人們到底學會了甚麼呢？怎麼好像一點進步都沒有？身邊一切還是這樣令人失望，身邊一切都是虛無。

沙特的存在主義，「存在先於本質」幾乎是其哲學思想的核心。對沙特來說，「存在」是先天的、固有的，而「本質」則是後天的、可以轉變的。我們可以透過「選擇」來改變「本質」，例如我選擇去酒樓而不去快餐店吃早餐，那麼其後我遇到的人、經歷的事，自然而然會圍繞酒樓發生，簡言之，我的選擇決定了我是甚麼樣的人、過得如何——我的選擇決定了我的本質。

這個世界並不自由，無論走到哪裡，羅岡丹依然被困在令人作嘔的人事物之中，那些都是甚麼？「他們在半睡半醒的麻木狀態中熬日子，由於急躁而倉促結婚，又莫名其妙地生了孩子。他們在咖啡館、婚禮和葬禮上與別人相遇。有時他們被捲入漩渦，奮力掙扎，但不明白發生了甚麼。他們周圍發生的一切，從開始到結束，都在他們視眼之外。」羅岡丹在他的「日記」中繼續寫：「他們的智慧勸戒你盡量不要出聲，盡量少生活，讓你自己被人遺忘。他們講的最好的故事，就是冒失鬼和怪人如何受到懲罰。對，事情就是這樣，誰也不會說相反的話。」社會規範、道德、權力、制度、傳統、習俗乃至整個社會的結構，之所以這麼牢不可破，因為不少人都選擇了去遵循這些既定的玩法，說穿了，就是我們都願意被剝削自由，被這些無形的力量奴役自己。我們口講自由，卻原來並不需要自由，任由自由被奪走，對自己的偽善，簡直令人作嘔。

《嘔吐》雖然是沙特早期發表的小說，但沙特作為哲學家而存在的本質，卻可謂自《嘔吐》開始。一九六四年，沙特獲得諾貝爾文學獎的榮譽，但他卻選擇貫徹他的信仰，拒絕被一切制度、權力以至傳統所奴役。沙特拒絕出席頒獎禮，他選擇了人之為人的真正自由。「歸根到底，我始終忠實於一樣東西，就是忠實於《嘔吐》……這是我寫的最好的一本書。」《嘔吐》不只是一部小說創作，它更是沙特活生生的存在實踐。

一九三八年，尚－保羅．沙特，三十三歲，距離他獲得諾貝爾文學獎，尚有二十六年。

長毛

八九年，讀完《資本論》

一九八九年，長毛梁國雄，三十三歲。

一九八九年，距離香港主權移交尚餘八年。這一年，後來的人稱為「春夏之交」的時間點，八九民運在歷史裡刻上未敢忘記的創痛，間雜著偶爾發光的記憶片段，黑夜漫長，至今三十年仍未平反。這一年，香港的百萬人大遊行、馬場集會，殖民地的人們湧上街頭支援遠處的一場愛國民主運動，一切無可想像的都一一發生了。包括六四清場的一刻。

當年，由梁國雄等人組成的「四五行動」，為最早聲援八九民運的香港政治組織。年初，為響應國內學者方勵之的呼籲，不同黨派舉辦大規模的簽名運動，只有「四五行動」提出「結束一黨專政」的訴求；四月五日，有不申請的情況下「非法遊行」，由中環天星碼頭遊行至新華社，同時反抗屬殖民惡法的《公安條例》。這些抗爭並非突然而至，而是歷年積累，根植於梁國雄等人的政治理念裡。

把整個生命放進去

梁國雄自小讀馬克思、托洛茨基的書籍，中學時期已參與毛派學生運動。他投入政治運動的起點在七十年代的保釣運動，到一九七五年才比較主動參與組織與活動；那年，十九歲的梁國雄加入香港托派組織「革命馬克思主義者同盟」，多年後，他對作家許知遠回憶說，「整個人變得不一樣了，你參與了一個組織，而且是這樣一個革命先鋒黨，你要把整個生命放進去。」

其時正值「火紅年代」，起始由吳仲賢等人創辦的左翼刊物《七〇年代雙周刊》算起。一九七一年保釣運動後，更多青年投入反資反殖的運動，類近的刊物、組織，甚至書店，紛紛出現。一班左翼激進青年成立了「革馬盟」，積極介入香港社會運動，中國出現「民主之春」民刊運動時更派員前往串連，積極與中國異見人士聯絡。其後，組織成員吳仲賢、劉山青在中國救助民運人士親屬時被捕，劉被控「反革命罪」，判刑十年。

梁國雄第一次坐牢在一九七九年，因與「革馬盟」成員在新華社門外集會請願，被控「非法集會」，判囚一個月。出獄後，在「革馬盟」的歡迎會上，一位老前輩說道，「革命者坐牢就等於上學，今天雄仔是幼兒院畢業⋯⋯」那時，梁國雄叫「雄仔」。

讀完《資本論》，八九民運就開始

一九八八年至一九八九年間，梁國雄等人成立組織「四五行動」。組織名稱是梁國雄提出的，承繼七六年大批群眾到天安門廣場自發悼念周恩來及抗議的「四五運動」，又以行動為綱領。「四五行動」本來是一個讀馬克思《資本論》的學習班，每星期舉辦一次，成員以左派為主，有社運人士也有文化人。梁國雄說，當時是自己最認真讀書的一段時間。後來，讀完《資本論》的第一章，八九民運就開始了，往後的運動浪潮裡，他很少有機會看書。

一九八九年，「四五行動」以天星碼頭為根據地，發起百日靜坐等大大小小的行動。當時，梁國雄從事九巴洗車的夜班工作，早上其他成員出外工作，他就在碼頭看守。梁形容，那時其他興趣都沒有了，就連球賽都不看，這種變化非常自然，因為整個心情都在運動裡。他還記得，六月三日晚本來是英國對波蘭的世界盃外圍賽，一戰定生死，但電視臺都腰斬了，轉播北京的情況；其時，正遙傳軍隊入城的消息。

六月三日晚上，軍隊入城，人們正要到新華社門外抗議。劉山青妻子唐婉清問梁國雄要不要去，他說不去了，因為疲累，明天還有事要做。這說辭一半是真的，另一半是不願相信，難以接受既成的事實。一個人在專政面前，渺小如此。

為了妻子自首

同年九月二十九日，新華社舉辦六四後首次國慶酒會，「四五行動」決定到會場外抗議，本來獲警方同意提供示威區。遊行途中，警方突然不予放行，並採取暴力鎮壓，當場拘捕了四人。事後警方繼續通緝「四五行動」成員，更藉手令到傳媒機構搜查錄像帶，事件當時頗為轟動，因為是六四以來首次有香港人在示威裡被毆打以及拘捕。梁國雄躲藏了兩星期，最後因為警方揚言要持續騷擾其妻，最終自首。

事件中，警方拘捕了「四五行動」共七名成員。後來，港英政府政治顧問魏德危寫了一封信給新華社，聲言不會讓香港成為顛覆中國的基地，其中一個例子便是九月二十九日鎮壓「四五行動」。及後的審訊過程中，因為有錄影片段證明警方使用暴力毆打示威者，一名警司亦承認警方當日不予放行是出爾反爾，加上社會輿論轉向示威者，種種因素下，全部被捕人士獲無罪釋放。港英政府當時揚言，這是法治的體現。

時光飛逝，然而專政與假借執法的暴力從來沒有遠離。不過，往後就是往後的事了。

一九八九年，梁國雄，三十三歲。距離「長毛」第一次當選立法會議員，還有十五年。

虛度年華・四六

46

村上春樹

Haruki Murakami

地下鐵事件，走進黑暗面

一九九五年，村上春樹，四十六歲。

對於絕大多數的日本人來說，一九九五年絕對是滿載痛苦的一年——一月十七日，關西發生神戶大地震；到了三月二十日早上，五名奧姆真理教的教徒，各自在東京地鐵五條行車線上的列車施放沙林毒氣。事件共導致十三人死亡，超過六千三百人受傷。

那年的村上春樹，還在埋首長篇《發條鳥年代記》的最後撰寫工作。十二月，他決定走訪沙林毒氣事件的受害者家庭。歷經一年時間，採訪了六十二名受害者，就在事件的兩周年之際，他出版《地下鐵事件》；一年後，他再發表《約束的場所：地下鐵事件II》。

像沙林一樣的現實之惡

沙林毒氣事件之後，社會均把敵視、批判的目光放到奧姆真理教教主麻原彰晃與其信眾身上。村上春樹寫作《地下鐵事件》的目的，正是希望突破當時的排他心理，同時抗拒悲憫的消費，平實而深入去呈現事件受害者們的心理狀態：

在我打算寫「地下鐵事件」的當時，因為社會的關心壓倒性偏向地下鐵沙林事件加害者方面的奧姆真理教，所以我有心想試著把被害一方的普通人的姿態，以接近地面的眼光來把他們浮雕出來。不光是因為「有這樣可憐的被害者」。

視力嚴重受損、記憶力變差、時常頭痛、因創傷後遺症而不敢乘搭地下鐵、拒絕承認受害者身分、甚至在事發一年半後才敢向醫生求診……這些固然是毒氣事件為受害者帶來的巨大創傷。而讓人驚訝的地方卻在於部分受訪者在中毒之後的反應。即使身體陷入強烈的不適、瀕臨失去知覺的邊緣，他們竟然還可回到工作場所，如常地上班。這種難以理解的行為，除了體現日本人恪守規範律則的文化，還反映出他們害怕被標籤邊緣、不受社群認同的恐懼：

在公司，當你覺得迷惑時，如果上司叫你「這樣做」，那樣也會覺得輕鬆。因為就算出事，也是上面的責任。自己可以逃避責任。尤其我們的世代，我想大概有這種世代特徵吧。所以我不是不了解他們信徒被心靈控制的感覺。

當時四十歲、在食品公司任職的受訪者片山博，透露出如此消極的想法。寧願被人無理地控制使喚，服從權威，也不願追尋自我而行，面對被拒絕、成為異類的風險。就像施襲的信徒，無法承受社會的價值要求，轉而相信麻原彰晃的虛妄，透過一般人不能原諒的行為尋找慰藉。村上春樹連結到受害者與加害者之間的共通點——兩者都是被社會規則逼迫，陷入認同恐懼的受害者。只是雙方各以盲目承受或發泄的方式，逃避問題的核心，繼續沉淪深淵。

在奧姆案上，我無法反對死刑。

《地下鐵事件》出版後，部分讀者給村上春樹來信。他們在看畢書後大哭一場，甚至在生理上感到不適，或有一陣子不敢乘坐地鐵。有誰不會想像到：在一個完全密封的地底空間裡，毒氣的破壞力？

村上明言，即使自己希望作事件的觀察者，當他碰上奧姆真理教教徒時，也會忍不住把眼光轉開，對他們產生恐懼與排拒的感情。他覺得這是因為「他們」所抱有的某些東西，正是「我們」刻意或潛意識中，一直想排除的、自己本身內在的影子部分（underground）。而這些影子，正是在「我們＝被害者、無辜者、正義、正常、健康；他們＝加害者、污染者、邪惡、反常、病態」的思想下操作而成的產物。

體制向民眾施以暴力，民眾壓抑到爆發，就作出瘋狂無理的行為；而社會就再以更暴力的方案，解決、孤立異類者。被關押多年，麻原彰晃與另外九名信徒終於在二〇一八年七月六日被處死刑——然而處決犯人，真的能解決毒氣事件曝露的社會問題？七月二十九日，村上春樹就在《每日新聞》投書，回應麻原彰晃等人的死。即使他強調自己反對死刑的立場，但當他看到毒氣事件受害者承受的苦難，他也不忍公開說：我反對處決奧姆真理教教徒。

縱然無法回應現實，村上仍然把對事件引起的暴力、宗教、體制之思考，放到二〇〇九年，他六十歲時推出的《1Q84》中。故事的神秘宗教團體「先驅」，以「空氣蛹」重新書寫時間。主角青豆與天吾，亦因此獲得相逢的機會；而青豆的秘密身分，更是暗殺家暴丈夫的殺手。無論是故事設定、書名對《一九八四》的呼應、還是奧姆真理教在一九八四年成立的背景，都反映「地下鐵事件」對《1Q84》的深遠影響。難怪村上春樹也公開坦言：「《1Q84》的寫作動機，是源自奧姆真理教的審判過程。」

一九九五年，村上春樹，四十六歲。距離他出版《1Q84》，還有十四年。

卡繆

第一人，最後一本書

Albert Camus

一九五九年，阿爾貝・卡繆（Albert Camus），四十六歲。

就在兩年前，他成為諾貝爾文學獎史上最年輕的獲獎者，憑《異鄉人》、《鼠疫》、《反抗者》等作品聞名世界。當然還有香港讀者相當熟悉的《薛西弗斯的神話》，被諸神懲罰的薛西弗斯不斷推同一塊巨石上山，徒勞無功的工作充斥餘生，完全是現代人的寫照。但其實這書的出版已是一九四二年的事情了。那時卡繆更帥，更朝氣蓬勃，絕不可能料到多年以後，會因《反抗者》一書與存在主義大師沙特徹底決裂，也未必想到自己這麼快就拿到諾獎，更不可能猜到，自己會在四十六歲時因一場車禍荒謬地逝世。

當時才剛踏入一九六〇年，卡繆與出版社好友加利馬（Michel Gallimard）剛剛結束年假，加利馬開著名車 Facel Vega 前往火車站，要送卡繆回巴黎。在途中車子失控撞向大樹完全撞毀，卡繆當場死亡，而加利馬送院後亦搶救失敗。當時在卡繆的隨身行李裡，有前往巴黎的火車票，與他未完稿的小說《第一人》。

那時《第一人》被發現後，馬上送到他的遺孀手中，她說這份書稿「匆匆寫就，難以解讀，並且沒有校正過」。畢竟是尚未完成的作品，而且構思宏大，發生意外時的這份原稿甚至連初稿都算不上，並深知卡繆對於出版的要求非常高，便擱置了出版一事。但事隔三十五年後，出版社在他的女兒協助之下終於出版了這部小說，轟動世界文壇，也讓許多卡繆研究者們得以研究他在那個時期如何用小說回應世界，也反映出當時他被沙特一派攻擊時的思考脈絡。

《第一人》可以用兩個方法去讀，其一是遺書，其二是自傳，它的未完成狀態與匆匆寫就的模式與遺書有其類似性，而小說主角傑克也與卡繆的生命一樣，充滿偶然與不確定性，甚至可以稱得上荒謬。傑克的家族從亞爾薩斯輾轉移居到阿爾及利亞，在一場暴雨中傑克的母親在一位阿拉伯人的家裡誕下他，一次世界大戰爆發後傑克的父親喪失性命，而阿爾及利亞這個法國殖民地又如何影響傑克的一生等等，後來又像《異鄉人》那樣荒謬地打死了人，全都是不能預料的事。

這與卡繆本身非常相似，他父親亦在一戰陣亡，他也在阿爾及利亞的貧民區長大，靠著過人的天才與努力一步步攀到如今的位置。《第一人》基本上就是卡繆的人生寫照補上文學藝術加工，不能預料的事始終佔大多數。

在初稿中當卡繆寫傑克在阿爾及利亞讀書時，有一位貝爾納老師向全班訓話道：「是的，我很喜歡柯爾梅里（傑克），就像特別喜歡你們當中因戰爭而失去父親的同學那樣。我和他們的父親一塊打過仗，而我僥倖活下來。我試著在此地至少能替代一下我那些死去的戰友。」這位貝爾納老師的原型就是卡繆的小學老師路易．杰爾曼，他是卡繆的人生導師，鼓勵他別因貧窮而退學。卡繆的成功與這位恩師的引導息息相關，就在他得到諾貝爾文學獎後，就寫信給老師：「獲知得獎消息的那一刻，腦海裡最先想到的人，除了我的母親外，便就是您了。」

在杰爾曼的回信裡，他寫道：「我確信在我教書的這一輩子當中，一直都很尊重孩子們最為珍貴的部分，亦即尋求真理的權利。我喜愛你們當中的每一個人，而且自信都竭其所能地不去表明我自己的觀點，而去影響到你們年幼的心靈。每個人在他所擁有的全部權利中，便可以去做他想要做的。」在《第一人》的繁體中文譯本裡，對照了杰爾曼與卡繆的通信，當將這份遺作與他的人生軌跡疊合來看時，才能深切地讀出在荒謬以外，卡繆的小說主題更有反抗，以及愛。

一九五九年，阿爾貝．卡繆，四十六歲。翌年一月四日，他將完結短暫而燦爛的一生。

杜拉斯

「我遺憾出版《廣島之戀》」

Marguerite Duras

一九六〇年，瑪格麗特．杜拉斯（Marguerite Duras，臺譯瑪格麗特．莒哈絲），四十六歲。

這年，她將《廣島之戀》（Hiroshima mon amour）的劇本出版了。然而，這卻是一個迫於無奈的決定。

本來，《廣島之戀》的編劇不是杜拉斯，她可能是西蒙．波娃，也可能是佛蘭西絲．莎崗（Francoise Sagan）。時間大約是一九五八年，阿倫．雷奈完成了《夜與霧》（Night and Fog）之後，Argos Films 的創辦人阿納托爾．多曼（Anatole Dauman）想讓他拍一套廣島的紀錄片，然而，這種題材的紀錄片當時實在多不勝數，於是阿倫．雷奈表示，要拍，一定要是劇情片。多曼首選的編劇是當時的只有二十五歲的才女作家莎崗，三人相約在酒吧見面，但莎崗竟完全忘了這次約會，結果另一個人名浮現在阿倫．雷奈的腦海裡——「瑪格麗特．杜拉斯」。

杜拉斯在一九五〇年憑自傳體小說《抵擋太平洋的堤壩》（The Sea Wall）成名，之後八年間，她出版了六本小說。雷奈以「一見鍾情」來形容他對杜拉斯作品的感覺，他喜歡《塔吉尼亞的小馬》（The Little Horses of Tarquinia）、《街心花園》（The Square）、《琴聲如訴》（Moderato cantabile），認為她是個有風格的作家。這次會面的過程相當順利，而且二人也非常有默契地達成共識：不拍紀錄片。三天後，杜拉斯將一段法國女人與日本男人的對話，給雷奈看。雷奈看後便敲定了這次合作。這對異籍戀人的呢喃絮語後來成為了電影的主調。

然而，杜拉斯從沒寫過電影劇本，根本不知道該如何著手，幸好雷奈給予她極大的自由度，讓她隨便怎樣寫都行，「妳只要負責文學的一面，不要管鏡頭的事。」雖然如此，拍攝過程其實不太順利，雷奈也確實為如何將這些零碎的斷語組織成一部電影而苦煞思量過，只有一點是他肯定的，那就是這部電影誓在必行，即使超支也要拍。經歷過一番焦慮、疑問和恐慌，劇本終究在雷奈、杜拉斯、以及顧問熱拉爾·雅爾羅三人的協力下完成了，以法國女人與日本男人的不倫戀情作為主軸，同時以閃回技巧插入女主角在內韋爾跟德國人戀愛的傷痛回憶，打破時間與空間結構的意識流狀態，將戰爭隱藏在愛情的帷幕底下。

杜拉斯說：「談論廣島是不可能的。人們所能做的只是談談不可能議論廣島這件事。觀眾應該清除腦子裡關於廣島的一切成見，走出關於廣島的記憶，準備接受電影通過兩個主角所講述的一切。」

或許二人都沒料到《廣島之戀》會如此成功，在法國、德國、義大利、雅典甚至美國都大收旺場。後來，杜拉斯表示，如果不是有人邀約，或許她一輩子都不會寫有關廣島的故事。在一九六〇年出版的劇本集前言中，杜拉斯寫道：「我遺憾地把書稿交給出版社……」將《廣島之戀》劇本出版是加斯東．伽利馬（Gaston Gallimard）的建議，然而杜拉斯卻覺得這麼太「厚顏無恥」，「劇本只是為自己而寫，雷奈、演員和我。把它公之於眾有點讓人尷尬，尤其是電影這麼成功。這就像洩露了一個秘密，或是愛情故事才結束就把它告訴了別人。」

最後為了解決經濟上的燃眉之急，她還是把劇本出版了。

或許當時杜拉斯也沒有餘裕處理出版的問題，因為歷史知道，在一九六〇年，一件更加重大的事正在法國發生——「阿爾及利亞戰爭」。一九五四至一九六〇年間，阿爾及利亞向法國翻起一場爭取獨立的戰爭；一九六〇年，身處法國的知識分子發表《不服從阿爾及利亞戰爭權力宣言》，發起人包括布朗肖（Maurice Blanchot）、布勒東，杜拉斯則忙著將這篇宣言傳出去，讓更多知識分子簽署。

一九六〇年，瑪格麗特．杜拉斯，四十六歲，距離她獲得龔古爾文學獎，尚有二十四年。

王爾德

Oscar Wlide

人生有兩種悲劇，
我兩種都有了

踏入二十世紀，全世界正在經歷天翻地覆的大轉變。一九〇〇年，光緒二十六年，八國聯軍藉義和團之亂攻入中國，慈禧太后和光緒帝愴惶逃離北京至西安避難——如果慈禧沒有纏足，逃難時她會跑得快一點嗎？同年，臺灣仕紳創辦了「臺北天然足會」發起解放纏足運動，「放足」一時蔚成風尚。而更早一點在地球另一端，愛爾蘭民族主義黨領袖呼籲民眾奮起反抗英國統治……爭取個人自由與民族自決的聲音此起彼落，但偏偏，王爾德卻於同年鬱死於陳腐保守的道德規範與社會輿論之中。

父親是醫生、母親是詩人兼作家，王爾德自小盡得父母「真傳」，才與財兼備，很早就憑《詩集》在文壇嶄露頭角。雖然後來主要是劇本令他名聲鵲起，但其小說《道林格雷的畫像》（The Picture of Dorian Gray），透過美男子道林格雷的肉身與肖像畫探索美與道德的底線，竟比劇本更令人津津樂道，甚至成為今天不少奇幻、驚悚或恐怖電影的藍本。一八九〇年，王爾德先在報紙上連載這個長篇，一年後小說正式出版。好巧不巧，王爾德就在同一年遇上別稱「波西」的道格拉斯（Lord Alfred Douglas）——他生命中的真正「波士」。

被認為是英國唯美主義藝術運動倡導者的王爾德，一生對美有著不懈的追求，這可從他廣為流傳的臨終遺言可見一斑。有說嚥下最後一口氣前，他還在抱怨旅館簡陋的牆紙：「要麼牆紙消失，要麼我消失。」難怪在一八九一年邂逅道格拉斯的時候，王爾德已深深為他著迷，對方在陽光下閃耀的金髮、炯炯有神的雙眼、俊美清秀的氣質，完全就是王爾德心目中的「男神」形象。沒多久，二人開始熱戀，直至四年後道格拉斯的父親公然斥責他是個雞姦者（即今天的同性戀者），才一度結束了二人的親密關係，同時標誌著王爾德的生命，正式踏入倒數階段。

一八九五年，道格拉斯父親正式起訴王爾德，後者向法院上訴，控告前者誣衊，可惜上訴失敗，反被當局以「與其他男性發生有傷風化的行為」為罪名，向他發出逮捕令。官司擾攘了一輪，王爾德最終被判有罪，需即時入獄兩年。在獄期間，王爾德一改其機敏的創作風格，往昔在〈快樂王子〉、〈夜鶯與玫瑰〉及〈西班牙公主的生日〉等故事中所反映的對美及純潔的追求，更慢慢被艱苦的獄中生活摻入了帶著沙石與雜質的現實感悟。「我不愛你了，你不再是那個被光環圍繞的王爾德。」道格拉斯看著王爾德頭上的光環變得黯淡無色，雖然王爾德出獄後二人曾一度復合，但他最終還是選擇了離開，獨留王爾德在窮困中死去。

一八九七年王爾德獲釋，化名塞巴斯蒂安．梅爾莫斯（Sebastian Melmoth）前往法國，在巴黎他靠借債度日。一年後，他完成了一批在獄中創作的詩歌，出版成《瑞丁監獄之歌》（The Ballad of Reading Gaol），第一版以「C.3.3」的筆名發表，代表著他於監獄內的房間號碼（C區、三層、三號房），至一八九九年第七版出版時，大家才知道作者就是王爾德，可惜，一切都遲了，《瑞丁監獄之歌》

已是王爾德的最後作品，一年後這位偉大的詩人、劇作家，因病死於他所不屑的、有著簡陋牆紙的旅館。

人生有兩種悲劇：
一種是沒有得到你想要的，
另一種是得到了你想要的。

王爾德於一八九二年出版的劇本《溫德密爾夫人的扇子》（Lady Windermere's Fan）中有這麼幾句，彷彿也是他悲劇一生的寫照——王爾德最終沒有得到他想要的道格拉斯，此為一悲；但一切悲劇的源起，卻因為得到了道格拉斯而被控告、入獄並失去了長久以來所建立的名聲與榮耀，此為另一悲。

一九〇〇年，奧斯卡．王爾德，四十六歲，潦倒病逝。

波特萊爾

巴黎的憂鬱，及其後

Charles Pierre Baudelaire

一八六七年，夏爾．波特萊爾（Charles Pierre Baudelaire），四十六歲。

日本文豪芥川龍之介在遺稿〈某阿呆的一生〉裡寫，「人生不如一行波特萊爾」。而波特萊爾的一生，在四十六歲這年結束。彼時他處於失語及半身不遂的狀態，要理解波特萊爾的晚年，也許要從他書寫散文詩集《巴黎的憂鬱》（Le Spleen de Paris）時所過的生活來理解。

一八五七年出版詩集《惡之華》（Les Fleurs du mal）初版造成轟動後，波特萊爾在各雜誌上發表一些散文，據詩人的本意這些散文是「一種詩意的散文，沒有節奏和韻腳的音樂」，後來當波特萊爾死後，編輯收集了五十篇作品，合稱為《巴黎的憂鬱》，又名《小散文詩》。他原意是寫一百篇，但身體條件如燒得太快的劣質香煙，並不允許他這樣做，於是燒到一半就抖落無蹤。那時波特萊爾批判傳統與世俗，以審美的姿態反映出當時巴黎不堪的現代社會狀態。其中廣為人知的正是波特萊爾對於「美」的思考，就是「美」這個範疇是具備負面層次的：「可怕的東西用藝術表現出來就變成了美；痛苦伴隨音律節奏就使人心神充滿了靜謐的喜悅。」

波特萊爾人生的最後十年過得並不如意，結合早年他的浪蕩性格自然可以理解為何他可以敏銳地觀察到事物的黑暗面。當《惡之華》初版造成轟動後，也為他帶來了麻煩，他浪漫的筆觸裡始終有不被社會接受的內容，所以法庭判這部作品「有傷風化」，詩人也差點入獄，但出版社成功周旋後，改判以詩人刪去一些詩作。後來他再補上一些新作再版第二冊，但已是心力交瘁。他在給朋友的書信裡寫下關於再版的微弱願望，「對於本書我所懇望的唯一讚辭是：這並非只是作品的剪集，而是首尾一貫的，這點希望能得到承認。」

六〇年代的波特萊爾近乎破產，病痛連連，加上長期服用鴉片讓他的容貌變得衰老，他在日記裡寫著：「我不斷感到眩暈。我感到痴呆的羽翼在我頭上振風吹過。」一八六四年，他決定前往布魯塞爾，希望能賣出一些作品的版權，同時演講賺錢，但交涉不甚成功，演講也強差人意。於是就在那裡，他開始過度酗酒，也過量吸食鴉片，就在一八六六年他終於中風，最初是失語症與半身不遂，當監護人與母親來接他回巴黎時，他只能喃喃自語一個單字，crénom——他媽的。

詩人的晚年頹唐不堪，與後世用來形容他的「浪蕩子」概念並不怎麼相近，畢竟評論家的權利就是可以著重於波特萊爾詩歌中的精神，以及他年輕時期的揮霍無度，從中找到批判精神，而忽略晚期瀕臨破產與死亡的悲劇。但又有誰能說波特萊爾不幸福呢？他的傑作影響了法國詩歌史，他啟發班雅明與傅柯先後深思的「漫遊者」（flâneur）形象，到今日我們仍然以波特萊爾作為座標，思索在高壓與高速的資本主義社會裡要如何過活。所以正如《巴黎的憂鬱》裡寫，「種種神經質的玩笑並不是沒有危險，經常要付出高昂的代價。但是，永久性的懲罰對得到一秒鐘的無限樂趣的人來說，又算得了甚麼呢？」

一八六七年，夏爾．波特萊爾，與世長逝。

左拉

藝術至上，朋友……算了罷！

一八八六年，埃米爾．左拉（Emile Zola），四十六歲。

四月四日，左拉剛過四十六歲生日的第二天，他收到來自幼時好友畫家保羅．塞尚（Paul Cezanne）的一封短信——「我親愛的埃米爾，我剛收到你好意寄來的《傑作》（L'Œuvre）。感謝《盧貢－馬加爾》（Les Rougon-Macquart）的作者為我們共同的回憶作了如此好的見證，回想起過去的年代，請允許我緊握你手。願你在流逝的歲月裡獲得靈感，並接受我的一切良好的祝願。」這封充滿祝福與柔情的信件，沒想到，卻是塞尚給左拉的「分手信」。一段超過三十年的友誼，在這刻劃下句點。

《傑作》是左拉繼《萌芽》（Germinal）後的下一部小說。一八八五年一月，左拉完成醞釀多年、環繞勞動階層煤礦生活的小說《萌芽》，為了逼真地呈現煤礦生活，左拉耗費了不少氣力於資料搜集與實地考察之上，他將《萌芽》的手稿寄給出版社時付上一張字條，寫道：「我十分高興，啊！我多麼地需要輕鬆一下啊！」但他說的「輕鬆」，並不是要去度一個悠長假期，在海邊享受陽光與海灘，而是立即投入到下一部作品之中，沒錯，左拉是一個慣於「以戰養戰」的寫作狂，「每天必寫一行」是他的座右銘，但至少，他認為下部小說應該要是一部可以輕鬆完成的作品。

所以這次他將自己觸手可及的人化作筆下人物，他要寫一個關於藝術家圈子的故事，動用的是他年輕時交往過的一批印象派畫家的往事。不必跑圖書館、不必做訪問，所有他要知道的都一早在他的腦海裡了，而第一個浮現在他腦裡的自然是由十二歲便結交的塞尚。

一八五二年，左拉入讀埃克斯市波旁中學，那算是一所貴族學校，身邊的同學不是銀行家就是律師、地產商的公子哥兒，出生雖不寒苦也不富裕的左拉難免格格不入，甚至成為別人欺侮的對象，幸好每當他被欺負時，都總有一人出手相救，那就是保羅·塞尚，他其貌不揚，卻有一副俠客心腸。

消息傳開之後，左拉的朋友們對這事並不一致看好，反應最大的莫過於龔古爾，他在自己的日記寫道：「一個對藝術根本不通的門外漢，卻要寫一部整個關於藝術的作品，可真是冒險。」儘管不被看好，左拉也執意寫下去，他打算藉這部小說談談自己的藝術觀、審美觀——「我在講述自己創作時的內心活動，那種類似分娩的劇烈陣痛……克洛德（小說主人公）因為自己的才能無法使創造獲得成功而惱怒，最終竟吊死在他那幅永遠無法完成的油畫前。」這是一個悲劇，那位永遠挑剔自己的克洛德，其原型正是畫家保羅．塞尚。

小說刊出後，公眾一片嘩然，小說描寫藝術家的放蕩與印象派畫家的偏激，令他們覺得那是一部真人真事改編小說，還四出打聽角色的真實原型，其中一個被懷疑的，是才去世三年的畫家馬奈。即使左拉可以不理這些閒言閒語，但在報紙不停炒作下，左拉的畫家朋友們也真的受傷了，他們覺得「被出賣了」，莫內在信裡寫：「我擔心在報上和在公眾中，我們的敵人提到馬奈的名字，或者至少把我們這批人都當作失敗的畫家，這不是你的初衷，我不相信。」

左拉不明白，為甚麼他的朋友會有這樣的反應，一直將藝術奉若神明的左拉，深信在必要時甚至可以用自己的血肉餵哺一部作品。令他最痛苦的莫過於連塞尚也不理解他，但執拗的左拉也沒想過要說服他或跟他和解。在藝術面前，其他都只是芝麻小事，既然你不理解，那就算吧！

一八八六年，埃米爾．左拉，四十六歲，距離左拉首次參選法蘭西學院院士，尚有四年。

也斯

游離與對話，是否可能

Leung Ping-kwan

一九九五年，也斯，四十六歲。

香港作家也斯，原名梁秉鈞。一九四九年生於廣東新會，同年遷往香港。十四歲，便在《中國學生周報》發表詩作；二十一歲，從香港浸會學院（現香港浸會大學）外文系畢業，並得到劉以鬯賞識，在《快報》撰寫「我之試寫室」與《書與街道》中的文章；二十三歲出版第一本著作，散文集《灰鴿早晨的話》；二十四歲任《中國學生周報》「詩之頁」編輯；二十六歲與友人一同創辦《大拇指周報》。他亦是七〇年代引進歐美地下文學、拉丁美洲作品的先鋒——不僅編輯了多本外國小說選集，更常常在一九七二年創辦的《四季》推介加西亞．馬奎斯。他首本小說集《養龍人師門》，便是最早期一批成功轉化魔幻寫實主義的華文文學作品。

早年的也斯，寫詩時以原名署名，用以區分他寫散文小說時與寫詩時的身分；一九七八年，他的詩集《雷聲與蟬鳴》面世，書寫本土地景，言志抒情，影響幾代港臺作者的寫作語言與態度。王良和以「漫遊者」形容也斯在詩集裡觀照事物的方式，指出他以「無我」的主體省思，營造疏離效果的藝術特色；臺灣詩人鴻鴻更讚賞《雷聲與蟬鳴》呈現「詩本該如此」的靈氣。同年，他赴美國加州大學聖地牙哥分校修讀比較文學博士學位，回港後於香港大學英文及比較文學系任教至一九九七年。

帶著自己的牆走過牆

四十六歲亦即一九九五年的時候，也斯一如以往地出書講學。《游離的詩》是他其中一本的新書。此前，已經轉化了漫遊探索的書寫方式，出版了《剪紙》、《山光水影》、《布拉格的明信片》等作；並游戈於不同媒介，涉足舞蹈、攝影、展覽、裝置藝術，如辦〈游詩〉詩畫展、寫出「蓮葉」組詩去探求香港文化的位置，研究「說香港故事」的最好方式。

一九八九年六月四日晚上發生的事情，對也斯衝擊重大。詩集中收錄了回應六四的〈廣場〉：

抱住自身也不能完全自主
被黑夜驚醒讓我們有新的秩序
想拉開一幅布遮住塗污的肖像
風砂刮起紙屑雷暴劈裂了桌椅

未到九七，突如其來的政治暴力衝擊了也斯那開放寧靜、擁抱自由的理想。就如早年詩作〈冕葉〉「不等我說完，你不耐煩地轉向／他人注視的目光，那些習慣認可的修辭／我想我的話到頭來終會落空」句子呈現的無奈失語一樣。洶湧的六四，撞破了「本土」與「中心權力」可能擁有的「對稱的秩序」、平等溝通的可能。《游離的詩》

就不禁以〈家破〉詰問：「我們要不要離開這個家？……我們都不願意放棄這一切。」

也斯最後選擇「游離」。但游離不代表移民、不歸，他反是以游走離散的角度，重新去反思與中心、與自我的關係。一九九二年他出版中英對譯詩集《形象香港》；一九九五年同年著有評論《香港文化》。而《游離的詩》就反映了他從一九八九到一九九四年，對香港這「家」的思考。「家事新寫」裡藉花布街展現拒絕披上「別人圖案花布」的意志；「重畫地圖」裡力圖把「地圖上沒說明的事情告訴大家」，探索邊緣、隱藏事物的可能性；還透過在東歐國家的遊歷，穿透低氣壓情緒。在寫柏林圍牆倒下的〈牆的故事〉中，結尾那句「我們帶著我們的牆走過牆」，隱隱有收拾恐懼、鼓勵大家澄明地通過難關的勉意。

蟬鳴，游離而溫暖

即使「游離」的過程，充滿未知、反覆，卻不一定通往孤獨無明。也斯的詩作，啟發不同地域年代的作者，讓他結交好友。《游離的詩》中的〈青蠔與文化身分〉，就是記念與鴻鴻同遊的詩作。

化學廢料流入河裡，令青蠔
變了味道。有些連帶著泥砂
有些盛在銀盤裡，用白酒煮
用椒椒炒，肯定適合不同的口味。
那我們呢？
有不同的背景和不同的口味嗎？

二〇一一年的台北國際書展，也斯與鴻鴻便在會上即興唱和，各以粵語、國語朗讀《游離的詩》，結果召來神秘女王夏宇，讀出也斯「寫給自己的詩」來回敬：

哦怎樣想起怎樣
經過這一切阻撓
來到達你
無言的中心

——〈雨之屋〉

一九九五年，也斯，四十六歲。距離他離逝，還有十八年。

聶魯達

來擁抱著我，政治漩渦

一九五〇年，巴勃羅．聶魯達（Pablo Neruda），四十六歲。

閒極無聊，當所有認識的遊戲都玩膩了之後，小孩子就愛天馬行空創作各式各樣古靈精怪的小遊戲，十歲的聶魯達也愛天馬行空——他愛天馬行空地寫詩。聶魯達一生酷愛詩歌，連筆名也「參考」了捷克詩人揚．聶魯達（Jan Nepomuk Neruda）的名字。十七歲憑《二十首情詩和一首絕望的歌》（Twenty Love Poems and a Song of Despair）名起文壇的聶魯達，一生在女人與愛情之間徘徊之餘，更不停地捲入政治漩渦之中。兩度離婚才遇上一生所愛烏魯齊雅（Matilde Urrutia），愛情終究不是聶魯達的「戰場」，相反，一九四九年開始其流亡歲月之後，他的政治抒情詩，可謂再創高峰。

父親是一位鐵路工人，聶魯達小時候在貧民小礦區成長，也難怪他長大後輕易就被無產階級思想感染。年紀輕輕獲智利政府委派出任智利駐緬甸領事，聶魯達乘船往仰光履新期間，途經燈紅酒綠的上海，神秘陌生的東方不但令詩人眼花繚亂，其後相繼遊歷錫蘭、爪哇及新加坡等亞洲地區，更進一步讓國族意識在聶魯達的內心萌芽。一九三六年，西班牙內戰爆發，他的朋友兼西班牙詩人洛爾卡（Federico García Lorca，臺譯賈西亞．羅卡）被殺，刺激聶魯達毅然投身民主運動，一九四五年，他更正式加入了智利共產黨，與時任總統岡薩雷斯．魏德拉（González Videla）公然為敵。

很快地，聶魯達成了魏德拉政府的眼中釘，一九四八年二月五日，智利政府正式下令逮捕他，聶魯達逼不得已展開其流亡生涯。他在智利被追捕了長達一年半之久，最後孤注一擲，揀選了艱難險峻的逃亡路線，最終於一九四九年取道安第斯山小道才成功逃離智利，離開那片滋養他創作的家園與土壤。

逃出智利之後，聶魯達經阿根廷到達巴黎，後來又輾轉前往莫斯科、波蘭及匈牙利等地。早於一九四二年，聶魯達曾以長詩讚揚蘇聯紅軍的戰鬥與勇氣，從右翼政權逃出之後，聶魯達自然而然受到蘇聯的熱情幫助，後來他又寫作了〈讓那劈木做柵欄的醒來〉一詩，撻伐美國人奴役黑人之餘，更對蘇聯和史達林歌功頌德。

逃亡的生活沒有磨滅聶魯達的志氣，相反，顛沛流離的日子更激出他對家國、民族與和平的思考，最後淬鍊成聶魯達在《二十首情詩和一首絕望的歌》以外的又一史詩鉅著——《漫歌集》（Canto general，又稱《詩歌總集》）。詩集於一九五〇年出版，分十五章、厚四百六十八頁，由一萬五千行共二百五十首詩歌組合而成，結構宏偉。如此宏偉的構想，倒可追溯於十二年前，受西班牙內戰啟發，聶魯達一直希望以史書的形式出版一本屬於智利的詩歌總集，後來在一九四三年途經馬丘比丘，他忽然明白古代的印第安人是拉美各國的共同祖先，於是他更新其構想，不只要寫一本屬於智利的詩歌總集，更要寫一本屬於美洲的詩歌總集。直至一九四八年正式被智利政府追捕，聶魯達才真正開始詩集的創作，最後於翌年二月完成，創作歷時不過一年，但期間的思考、沉澱與淬鍊，卻經歷了十二年之久。

於是，我在茂密糾結的灌木林莽中，
攀登大地的梯級，
向你，馬丘比丘，走去。
你是層層石塊疊成的高城，
最後，為大地所沒有掩藏於
沉睡祭服之下的東西所居住。
——〈馬丘比丘之巔〉

《漫歌集》不但收錄了〈讓那劈木做柵欄的醒來〉一詩，更收入了這首發表於一九四六年的〈馬丘比丘之巔〉，加上「征服者」、「大地上的燈」及「亞美利加，我不是徒然地呼喚你的名字」等章節，《漫歌集》抒述了詩人對土地、國族與人類的種種深情。聶魯達早就可以憑《漫歌集》奪得諾貝爾文學獎，但礙於右翼分子阻撓一直未能如願，直至他逝世前兩年，才突破「左右防線」衝出悶局——聶魯達因政治流亡，連得獎與否，亦幾乎無法走出政治的牢籠。

一九五〇年，巴勃羅．聶魯達，四十六歲，距離他奪得諾貝爾文學獎，尚有二十一年。

梁啟超

恰逢五四，荒涼歐遊

Liang Qichao

一九一九年，梁啟超，四十六歲。

談起這年，不會不提五四運動；提起五四運動，大家卻未必會想起梁啟超。一九一八年十二月，梁啟超以中國代表團會外顧問及記者的身分，率領六人團隊赴歐。一九一九年三月中旬，他致電回國，揭發段祺瑞政府與日本私訂出讓山東主權的密約。「請警告政府及國民，嚴責各全權萬勿署名，以示決心。」由此激起全國不滿，觸發北京大學學生示威。可以說，身在巴黎的梁啟超，有分間接促成五四運動。

最後希望　遊走彼岸

這次本應是梁啟超的私人歐遊。自一九一一年辛亥革命起，梁啟超加入過袁世凱內閣、發起過護國戰爭討袁、又反對張勳復辟。他多番改易立場，徘徊於共和民主與君主立憲之間，還是無法選擇一個最適合中國的方案。政治與時局，最終令他心灰意冷。一九一七年，他主動向段祺瑞請辭財政總長一職，「毅然中止政治生涯」、「決不更為政治活動」。

革命成功將近十年，所希望的件件都落空。政治黑暗混亂，中華民國僅存招牌而已。

一九一九年二月十八日，梁啟超到埗。巴黎已是嚴冬。「天地肅殺之氣，已是到處瀰漫」。嚴冬隱喻的，是中國，與其自身的未來。此行目的，乃在增進自身學問，協助本國外交。在為時四百三十四天的旅程中，梁啟超拜訪盧梭故居，與歐洲學者名人交流；更和美國總統威爾遜討論山東問題。然而，他在和會的使命始終未竟全功——四月八日，國民外交協會委託梁啟超為代表，向會上各國請願，力爭山東主權；四月二十四日，他急電回國，嚴責政府不可簽字。最終，英、美、法還是同意德國轉讓在山東、青島的權利予日本。

人間了無烏托邦

《歐遊心影錄》作於一九一九年冬，記錄梁啟超在一九一八年尾到一九二〇年初，歐洲之行的細節。全書借用遊記、書信、年譜、日記、新聞、檔案等材料，呈現梁啟超等人在巴黎和會的事跡；梁啟超本人的筆記、演講、寫作；還有他對戰後歐洲社會的觀感看法，極具學術參考價值。從這個角度來看，《歐遊心影錄》，可算是早期以白話文寫作的旅遊文學作品。

早在一九〇三年，梁啟超便寫成遊美文集《新大陸遊記》，告別傳統那「每日所見所聞所行所感，夕則記之」的傳統旅遊寫作方式。李歐梵就認為，梁的旅遊筆記標誌「中國進入世界歷程的開始」。

相比《新大陸遊記》，《歐遊心影錄》裡的梁啟超更為關注西方政治社會、歷史文化的概況。那時候的歐洲，剛剛經歷一戰的摧殘，滿目瘡痍，百廢待興。書中可見相關場景的描述：

歐戰以來，此地黑煤的稀罕，就像黃金一樣，便有錢也買不著。麵包是要量腹而食，糖和奶油，看見了便變色而作。因為缺煤，交通機關停擺的過半，甚至電燈機器也商量隔日一開。

在《飲冰室合集》，梁啟超對西方文明有更深刻的反思：「當時謳歌科學萬能的人」，眼看科學不但沒有給人類帶來幸福，「倒反帶來災難」。與美國記者賽蒙的對話，更觸發他思考向國際輸出東方文明的可能性。「回去就是關起大門老等，等你們把中國文明輸進來救拔我們。」

雖然戰後的歐洲尚待復興，他還是對西方文明抱有信心。「今世的文明，是靠全社會一般人個個自覺、日日創造出來的……是建設在大多數人心理上，好像蓋房子從地腳修起，打了個很結實的樁兒，任憑暴風疾雨，是不會動搖的。」因此，他仍希望中國人可以學習到這種自主自覺的文化精神。

科玄論戰　無人理解的孤獨

經過這趟歐遊，梁啟超比較「中學」（舊學）和「西學」（新學）的優劣，得出「拿西洋文明來擴充我的文明，又拿我的文明去補助西洋的文明」，其實就是中西並融的觀點。然而，在火紅火熱的新文化運動期間，任何肯定傳統文化價值的言辭都有機會引起大眾的批評。即使梁啟超已經在《飲冰室合集》闡明中西文化結合的四個步驟（「尊重」、「研究」、「融合」、「擴充」），並補充自己沒有「菲薄科學」，還是引來一眾反傳統、提倡西方新學的知識分子不滿。

在一九二三年到一九二四年間的「科玄論戰」，梁啟超等重提孔孟、宋明理學價值為現代精神文明的學者，被視為復古的「玄學派」。無論是信奉馬克思思想的陳獨秀、主張「全盤西化」的錢玄同、甚至連出名雅量的胡適也忍不住出言，指責梁啟超謠言惑眾，「替反科學的勢力助長了不少的威風」。胡適更在《科學與人生觀》序中諷刺梁啟超：

自中國講變法維新以來，沒有一個自認為新人物的人敢公然毀謗「科學」的……《歐遊心影錄》發表之後，科學在中國的尊嚴就遠不如前了。一般不曾出國門的老先生很高興地喊著，「歐洲科學破產了！」是梁任公這樣說的。

經此一役，梁啟超徹底低調起來。他的名字，幾乎與「落後」劃上等號。一九二四年，他出版《中國近三百年學術史》；一九二五年，他出任清華國學研究院導師與京師圖書館館長。翌年，他就急病去世。

一九一九年，梁啟超，四十六歲。距離他急病離逝，僅七年。

昆德拉

生活在他方，他方在法國

一九七五年，米蘭．昆德拉（Milan Kundera），四十六歲。

一九六八年，布拉格之春運動在捷克爆發，其後七年裡，昆德拉的日子過得並不如意——持續半年的運動宣告失敗後，昆德拉作為重要參與者，被剝去了教授職務；而面對蘇聯五十萬人軍隊，捷克的自由化改革也無疾而終。極權政府管治之下，昆德拉的教學與創作生涯都被嚴密監控。那是捷克歷史上壓抑的一頁，後來寫《笑忘書》（The Book of Laughter and Forgetting）、《生命中不能承受之輕》（The Unbearable Lightness of Being）等作品時，昆德拉都會回溯這段歷史，向世人揭露政治的黑暗面。

流亡，一個致命的決定

一九七三年，昆德拉發表了他的第二部長篇小說《生活在他方》（Life Is Elsewhere），並憑藉這部作品獲得了法國最佳外國文學作品「梅迪奇獎」，此後他所有作品初版都是法文譯本、在法國發行。

兩年後他遷至法國，以流亡作家的身分登上世界文壇，聲譽日隆。

有關昆德拉的生平與文本分析，相信大家都相當熟悉。文青必備的《生命中不能承受之輕》，劈頭就引用的尼采「永劫回歸」讓人暈頭轉向，是文學愛好者們必須要踰過的哲學難關。這篇文章就不再做作品分析了，反而探討昆德拉的這次流亡經歷，以及捷克人對他的看法。

同時代的捷克作家伊凡．克里瑪（Ivan Klíma）曾指出：對於作家而言，流放是一種致命的決定，因為你失去了和自己語言的聯繫，更重要的是失去了和社會的聯繫。布拉格之春運動後，克里瑪的處境也與昆德拉相仿——在捷克失去教職，只好擔任送信人、救護員等職務；寫的作品也全被禁止，只能在地下流通。一九九〇年，克里瑪在接受美國作家菲利普．羅斯（Philip Roth）訪問時提起了昆德拉：「只有少數捷克人對昆德拉的作品提出看法，唯一的理由很簡單：他的書已經超過二十年未在捷克斯洛伐克發行了。」

那時，捷克人對於昆德拉的情感是複雜的。當他一九七五年流亡法國，數年後被剝奪了捷克國籍、又入法國國籍之後，捷克人對他持有一種奇異的情感：嫉妒，以及不甘。克里瑪說，批評家會指出昆德拉的描述就像一個具有文采的外國記者，在捷克待過幾天後寫出來的東西。然而，西方讀者之所以能接受他的描述，使他在世界文壇具有如此良好的聲譽，是因為昆德拉證實了他們的期待，他的作品強化了好孩子喜歡反覆聆聽的善惡童話。不過對於受極權政制壓抑的捷克人來說，昆德拉的逃亡是放棄與他們共同抗爭／受難，這已是難以饒恕的罪孽，尤其「在一九六八年以前，他一直是備受寵愛與獎勵的共產政體之子」（克里瑪）。

中年，身心分離與身分危機

再後來昆德拉完成《生命中不能承受之輕》，他回顧過往寫作生涯時說道：「某種東西被徹底地封上了——我再也不會返回當代捷克歷史這個主題了。」表面上他幾乎是一刀兩斷地向捷克作出了身分切割，但實際上創傷經歷卻讓昆德拉的文學作品無法擺脫母國——四十六歲的他肉身脫離，精神卻深植故土。昆德拉用創新的方法去回應這「無法逃離的處境」，嘗試向世界展現故土所蒙受的苦難，然而故土卻不再願意接納他了。《被背叛的遺囑》（**Testaments Betrayed: An Essay in Nine Parts**）中展現了這樣的一種拉扯：

「昆德拉先生，你是共產主義者嗎？」

「不，我是小說家。」

「您是持不同政見者嗎？」

「不，我是小說家。」

「您是左翼還是右翼？」

「不是左翼也不是右翼，我是小說家。」

這裡顯現的是對於身分認同的思考：昆德拉必須以一個超脫於意

識形態紛爭的角色，來解決那種國族拉扯、流亡與重建記憶等無法輕易解決的問題。於是，他採用的方法是文學——唯有小說可以處理那些無法直接言說的苦難創傷。至於捷克人對於他的排斥，克里瑪反問一句：為甚麼每位作家非得成為鬥士不可？「鑒於半個世紀的苦難，捷克出現某種排外心理。現在的捷克人太執著於他們的苦難，這或許不難理解，算是一種再自然不過的變形，但讓我看來，這卻為昆德拉招致不公的詆毀，而他無疑是本世紀最偉大的捷克作家之一。」

這裡「捷克作家」一詞可堪玩味。昆德拉是捷克長大的作家，還是書寫捷克的作家？從流亡、被剝奪國籍、禁止出版，到後來自稱為「法國作家」，昆德拉面對的種種身分認同問題，都得從四十六歲這年開始講起。他無疑早慧，思路清晰，但作為一個世界文學的重要旗手，還是得從這場流亡開始計算。

一九七五年，米蘭昆德拉，四十六歲。距離《生命中不能承受之輕》出版，尚有九年。

楊絳

反右風潮，真假緘默

一九五七年，楊絳，四十六歲。

充滿欺騙與撕裂的一九五七年，是中國現代史上無法淡化的年份。從「大鳴大放」到「反右運動」，這一年中共政策變化之劇，令知識分子們陷入了兩難選擇——發聲，抑或沉默。作為時下重要學者，楊絳與錢鍾書夫婦雖然倖免於難，但也無法免於風波。

年初，「大鳴大放」運動開始，中共邀請了全國範圍黨外人士、民主黨派和知識分子提出建議與批評，美其名曰「一同想辦法，整頓黨內風氣」，而這不過是毛澤東的一場陰謀（而他自己更坦白說是「陽謀」）——引導知識分子講真話之後，再將這些對政權產生威脅的人物一一打成右派、送入牢獄，使之無法發聲。

錢鍾書之父錢基博，就是反右運動的被害者之一。「大鳴大放」期間，秉持知識分子良心的錢基博因聽信政策，於病榻上作《萬言書》，向湖北省委領導闡述想法又提出建議。不久之後「反右」開始，錢基博又被打成右派，因此病症加劇、抑鬱而終。

然而受災的不僅是父親。當時錢、楊不少文學好友，如馮雪峰、周勃，家人如錢孫卿、許景淵、錢鍾毅，都被劃為右派，但兩人處境卻相對安全，這在後世也引起不少非議。後來楊絳對此作出解釋：「錢鍾書和我都『脫離政治』，歷次運動都不積極。」據吳宓之女吳學昭回憶，兩人對於社會政治的態度十分清醒，不論公眾私下，談話都不碰政治；即使是學術討論，一旦有所牽涉，也會「三緘其口，絕不發言」。在動蕩時代，他們選擇沉默。可又有多少人能在風浪中擁有沉默的權利呢？對此，夏志清曾評說道：「在大陸，絕大多數的知識分子無福享受到『沉默的自由』，錢自稱多少享受『沉默的自由』，我想情形並不這樣簡單。很可能上面有人包庇他，不讓當代第一博學鴻儒捲入無謂的鬥爭之中。」

後來楊絳撰寫《我們仨》，回顧過這段「艱難」歲月：「恰在反右那年的春天，我的學術論文在刊物上發表，並未引起注意。鍾書一九五六年底完成的《宋詩選注》，一九五八年出版。反右之後又來了個『雙反』，隨後我們所內掀起了『拔白旗』運動。鍾書的《宋詩選注》和我的論文都是白旗。」拔白旗，拔的是出版物中的「資產階級學術觀點」。

儘管錢、楊在「反右」中安全著陸，但次年，錢的《宋詩選注》與楊的《論菲爾丁（H.Fielding）關於小說的理論與實踐》都被拿來批判。「只苦了我這面不成模樣的小白旗，給拔下又撕得粉碎。我暗下決心，再也不寫文章，從此遁入翻譯。鍾書笑我『借屍還魂』，我不過想藉此『遁身』而已。」自詡小白旗的楊絳，論文發表後又經歷了數次刪改，只為滿足政策上「一條紅線貫通全文」的要求，想必內心也十分無奈。

有趣的是，晚年堅持自稱為楊絳初戀情人的學者費孝通，早於一九五七年初發表過一篇〈知識分子的早春天氣〉：「對百家爭鳴的方針不明白的人當然還有，怕是個圈套，搜集些思想情況，等又來個運動時可以好好整一整。……『明哲保身』、『不吃眼前虧』的思想還沒有全消的知識分子，想到了不鳴無妨，鳴了吃不定自討麻煩，結果是何必開口。」從中也可看出楊絳、錢鍾書等明哲保身派知識分子的夾縫處境，以及「他們難以把握自身命運所必然產生的複雜的思慮」（洪子誠語）。

所幸一九五七年尾，楊絳收到了一個艱巨而有意義的任務——翻譯《堂吉訶德》，自此潛心鑽研西班牙語。雖然翻譯的過程緩慢，版本不斷推翻重來，但這也令她得以投入鮮有紛擾的遁身之所。

一九五七年，楊绛，四十六歲，距離《堂吉訶德》中譯本出版，尚有二十一年。

胡適

沒有低調的自由

一九三七年，胡適，四十六歲。

說胡適是一個力求低調的人，相信會引起不少人爭議——發表《文學改良芻議》而觸發新文學運動；多次與梁啟超、李大釗等知識分子論戰；出任過駐美大使，被提名諾貝爾獎，還差點在蔣介石的協調下，成為國民政府遷臺後的首位中華民國總統。在其張揚注目的事跡背後，專心學術，才是他最大的心願。一九一七年成為北大教授時，他已經拋下豪語：「二十年不談政治！二十年不幹政治！」

一九三七年，正是他「二十年不談政治」定位的終點。這年的元旦，胡適發表了一篇達三千多字的新年祝辭，標誌著他由學者過渡到政治人物的角色轉變。文中，他許下三個願望：「必須做到憲政的實行；蔣介石先生努力做一個『憲政中國』的領袖；收復華北的疆土和重建主權。」未及歷史驗證，第三個願望已經在七月七日的蘆溝橋，被日軍炮火震碎。

不做焦土派？雲集「漢奸」的低調俱樂部

早在一九三五年，胡適就在給教育部部長王世傑的三封長信中，提出了中日之間保持和平的方法：保有平津（北平與天津）。只要捍衛這條底線，國民政府就能獲得十年的喘息時間。否則，全國不得不陷入至少三、四年的亂戰，才能在無盡的苦難與毀滅之中，謀取翻身的機會。

一九三七年七月十七日，蔣介石發表「廬山聲明」。即使是這位不擇手段、發動五次剿共的元首，也被逼屈服在主戰的氛圍下，與死敵共產黨聯合抗日。有分參與會議的胡適，流露「戰必大敗」的悲觀情緒。開戰之後，他便時常躲進國民黨中央宣傳部部長周佛海那位於南京西流灣八號的洋房地下室躲避空襲，聯同梅思平、陶希聖、陳布雷等人討論時局。

「低調俱樂部」由胡適命名，然而它的成立時間無從稽考。或者更準確點說，它從來不是一個正式、有系統、發揮過任何實際作用的壓力組織。它的存在，只是供一班相信（或投資於）「和平救國」論調的名人，去區別自身與那些抗日主流聲音的分別。周佛海就說過：

共產黨、桂系以及一切失意分子，都很明白地知道，抗日是倒蔣唯一手段。他們因為要倒蔣，所以高唱持久全面的抗日戰爭。蔣先生本想以更高的調子壓服反對他的人，而這些人就利用蔣先生自己的高調，逼著蔣先生鑽牛角。調子愈唱愈高，牛角就不得不愈鑽愈深。當抗戰到底的調子高唱入雲的時候，誰也不敢唱和平的低調，故我們主張和平的這一個小集團，便名為『低調俱樂部』。

汪精衛曾批評抗日的派系是「焦土抗戰」。俱樂部的成員，後來多成為汪的部下。像周佛海，就出任南京「偽國民政權」的行政院副院長；梅思平，則當過汪的工商部、實業部、內政部部長；陶希聖，更隨汪精衛赴上海與日本的談判。「低調俱樂部」理所當然地與「漢奸組織」劃上等號，而一向清風兩袖的胡適，亦蒙上了「政治不正確」的污點。

情願不自由，也是自由了

一九三八年，胡適已經與「低調俱樂部」斷絕聯繫。那年的他，已經代替國民政府出使過美、法、英等國，在短短五十一天，行走一萬零六百英里，演講五十六場。九月十七日，他被正式委任赴美特使，日記裡，他以如此悲壯的語氣描述自己的心情：「二十一年的獨立自由的生活，今日起，為國家犧牲了。」

接受任命時，胡適還與蔣介石之間發生小插曲。蔣介石連發兩封電報，胡適沒有回覆第一封，受到旁人的批評。「委員長給你的第一封電報，你總得謙辭一番。你怎麼沒有經過謙辭的手續就答應下來？」官場的潛規則，可見一斑。

想專心學術研究，但為了時局犧牲理想；以和平養國，又被逼做游說外國參戰的外交工作，沾染政圈的渾水；提倡自由主義的人，最後為了集體安危而犧牲個人意志。自由最大的代價，果然就是自由。當年年底，胡適就因疲勞過度而心臟病發作，住院休養。

身為一個外交使節，胡適在所駐國四處巡遊演說，其目的就是鼓動所在國參戰——這堪稱世界外交史上的奇觀。日本傳媒當時就指：「需要派三個人使美，才可抵擋得住胡適。」當胡適成功完成說美的重任，奠定扭轉戰局的基礎，他便立刻請辭，留在美國。原因？無他。不想再與官場扯上關係而已。

一九四二年十月，外交部部長郭泰祺寫信予胡適，勸其不要回國。「在目前情況下，兄果返國，公私兩面或均感覺困難，於公於私，恐無何裨益。」而無論在內戰前後，國民政府的元首，包括蔣介石，都屢以考試院長、外交部長甚至總統之職，勸胡適回國，領導救國事業。難得清靜的胡適，又怎會入甕？

一九五六年，中國大陸的批胡風氣正盛，老友陳源更寫信請胡適「回來看看」，認為國內的政治批鬥是「對你的思想，並不是對你個人」。胡適閱後回信，留下了一句發人深省的註語——「除了思想之外，甚麼是『我』？」

豈不愛自由？此意無人曉，
情願不自由，也是自由了。
——〈病中得冬秀書〉

也許只有這首寫於一九一七年，他給妻子汪冬秀的詩可作解答。

一九三七年，胡適，四十六歲。距離他心臟病突發去世，尚有二十五年。

章太炎

一代狂士，毒舌禁不住

Zhang Binglin

一九一五年，章太炎，四十六歲。

「七被追捕，三入牢獄，而革命之志，終不屈撓者，並世亦無第二人……」魯迅在文中如是紀念章太炎，認為他的留在革命史上的業績比學術還更大，「這才是先哲的精神，後生的楷範。」這位錢玄同、陳寅恪、魯迅的導師，教書治學當然不在話下，而其敢怒敢言、針砭時弊的「狂氣」反而讓人印象更深。標桿性事件，就是章太炎與袁世凱極權之間的角力。

袁世凱才不是曹操

一九一二年，袁世凱組成臨時政府後，對於言論自由的控制日益強硬。歷史學者傅國涌統計過，袁在位的四年間（包括北洋政府與復辟期間），至少有「七十一家報紙被封，四十九家收到傳訊，九家被搗毀，六十個新聞記者被捕，至少二十四人被殺，報紙刊物總數從五百家凋零到一百三十家。」數字足以證明這個極權的惡劣。但章太炎不懼於這一切。

袁世凱政權甫成立時，章太炎曾被任命為「東三省籌邊使」，擔任政府高級顧問的角色，一度為政府出謀劃策、企望社會在變革中改進。而當反對袁政府的「二次革命」被鎮壓後，章太炎才發覺袁世凱包藏禍心，進京勸說卻遭其冷待，於是至新華門大罵，不久後就被當局軟禁。

然而軟禁禁不住章太炎的憤怒。一九一三年十月，章曾在寄給外界的信中將袁世凱稱為「袁棍」，又拿其與奸雄曹操相比：「觀其所為，是非奸雄氣象，乃腐敗官僚之魁首耳。嗚呼，苟遇曹孟德，雖為禰衡亦何不愿，奈其人物孟德之能力何！奈其人無孟德之價值何！夫復何言。」（不過這些信竟都通過了審查、還寄了出去，是不是說明現在的極權更加嚴密？）而最悲哀的，莫過於即使自己罵得再狠，也無法成為撰《鸚鵡賦》譏諷曹操的禰衡——因為袁世凱處處都不如曹操。

一代狂士：打小人，咒死你

孫至誠《謁餘杭先生紀語》中提到，這段被禁足的日子裡，章太炎頗為憂憤，於几案旁遍書「袁世凱」三字，每日必擊打數次。除此之外，他還屢次絕食，自篆墓碑碑文，並將之託付給朋友；為了效法「張蒼水從岳飛而葬」，更讓朋友到劉基墓旁尋一塊地，企望身後能葬於彼處，已經是大義凜然赴死之貌。

一九一五年，袁世凱復辟帝制，派人說服章太炎寫文稱頌。章太炎也不回絕，立刻寫下《勸進書》：「某憶元年四月八日之誓詞，言猶在耳朵，公今忽萌野心，妄僭天位，非惟民國之叛逆，亦且清室之罪人，某困處京師，生不如死。但冀公見我書，予於極刑。較當日死於滿清惡官僚之手，尤有榮耀。」辛辣至此，也令袁十分難堪。這一年，他更寫下「明年祖龍死」（祖龍即始皇之意），一語成讖：次年袁世凱驟逝，章太炎才得以自由。

其實早在一九〇三年，章太炎就曾因在《蘇報》發表《駁康有為論革命書》，又為鄒容《革命軍》寫序，最後被捕坐監三年，這也是中國近代史上第一宗因言獲罪的報案。文字反復為他帶來災禍，而他也因文字不斷重生。至此不得不提一則逸聞——曾有章太炎的學生曾向袁世凱秘書求情：「袁大總統有精兵數十萬，何必畏懼一介書生，不讓他恢復自由？」秘書卻忌憚地回言：「章太炎的文筆可以橫掃千軍，也是極可怕的東西！」

一九一五年，章太炎，四十六歲，距離被遷葬於張蒼水墓旁，尚有四十一年。

魯迅

亡命鴛鴦，真愛是真

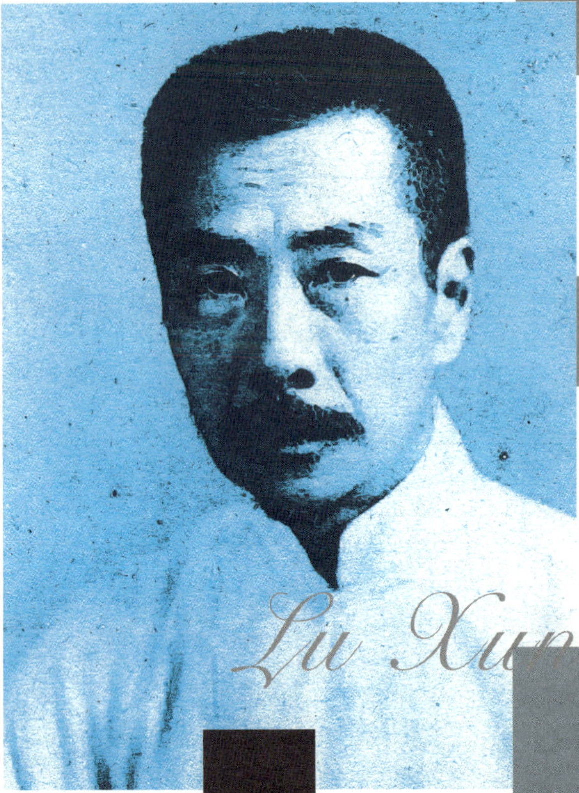

一九二七年，魯迅，四十六歲。

即將踏入「知天命」之年的魯迅，人生閱歷豐富，在社會改革的浪潮上更領先不少同代人，然而在戀愛方面，他卻是個初哥，四十六歲，他才認定其一生所愛——他的學生，許廣平。

魯迅與許廣平的師生戀隨著雙方的書信往還而塵埃落定，曾多次再版的《兩地書》，便是他們一九二五至一九二九年間的通信結集，見證二人由初戀至熱戀的歷程。例如許廣平對魯迅的稱呼，由最初的「魯迅先生」、「魯迅師」，到後來的「my dear teacher」、「EL」（英語 elephant 或德語 elefant）、「dear」，而魯迅的下款，亦由「魯迅」、「迅」變成「EL」等等，遣詞用字愈來愈私密，二人之間的連繫亦愈加牢不可破。

魯迅的一生，周旋於或大或小的政治事件與社會動盪之中，連他的戀愛也不例外。一九二七年初，魯迅離開廈門抵達廣州，應聘到廣州中山大學任職文學系主任兼教務主任，幾個月後，他突然與校方反目、遽然辭職。對於魯迅的請辭，一直以來人言人殊，一說是校方同時請來顧頡剛到校任教，魯迅因不願與其共事而離開；一說是魯迅愛護學生，廣州國民黨右派發動「四一五事變」以逮捕共產黨黨員，魯迅希望營救被捕學生畢磊等人，不料請求遭校方否定，故憤而辭職。其同鄉摯友許壽裳在《亡友魯迅印象記》一文記述：「清黨事起，學生被捕者不少，魯迅出席各主任緊急會議，歸來一語不發，我料想他快要辭職了，一問，知道營救無效。不久，他果然辭職，我也跟著辭職。」

在廣州期間，魯迅已與許廣平（及許壽裳）同居，至魯迅辭職，許廣平亦跟隨他離開廣州、前赴上海，並在彼方正式開展他們的同居生活，一直至九年後男方病逝。更早之前，一九二六年，「三一八慘案」發生後，魯迅遭段祺瑞政府通緝，而許廣平亦被北京政府追捕，迫使二人一同南下，魯迅奔往廈門、許廣平直赴廣州，半年之後，二人終在廣州重逢；一九二七年九月，又因「四一五事變」而再度北移——從南到北、從北至南，魯迅和許廣平儼如一對「亡命鴛鴦」，在不安的政治氣氛與社會環境之中，他們從對方身上找到了平安，因此互不離棄，真愛是真，無非如此。一九二七年，魯迅曾三赴香港，最後一次便是九月底從廣州遷居上海時途經，據說當時發生了一件小插曲。魯迅只帶了幾件輕便行李，卻在通關時遭檢查，關員在其行李中發現了懷疑是凶器的小刀，後來上得了船，茶房跟他開玩笑：「你生得太瘦了，他疑心你是販鴉片的。」——為伊消得人憔悴，多番來回奔走，魯迅消瘦了也不稀奇。

真愛是真，魯迅與許廣平不但能夠共患難，更能共同面對世俗的批評眼光。二十五歲，魯迅被安排了一宗包辦婚姻，其母以病倒為由，欺哄兒子從日本回鄉，幾天後魯迅即與比自己年長幾年的朱安成婚，惟婚後多年只得幾次「夫妻之實」，因魯迅不滿這場盲婚啞嫁、也不喜歡纏足的朱安；據說，為了逃離朱安與婚姻，他甚至以學業為由再到日本，一走了之。魯迅與許廣平同居，原只是學術界的茶餘飯後，直至兒子周海嬰於一九二九年出生，二人備受「重婚」、「背叛」等抨擊，這對「亡命鴛鴦」，現在才開始面對真正的磨練。

一九二七年，魯迅，四十六歲，距離兒子周海嬰出生，尚有兩年。

聶華苓

從白色恐怖到溫暖紅樓

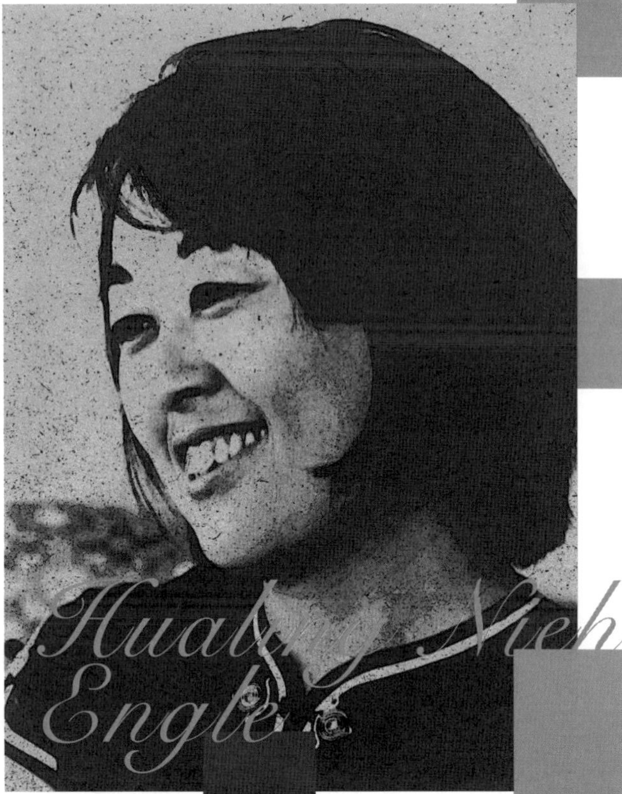

一九七一年，聶華苓，四十六歲。

那時，正是清晨，我們坐在客廳的沙發上，喝著他用法國烘咖啡豆磨出的咖啡。長窗外，春雪飄飄，飄在柳條依的愛荷華河上。另一邊窗外，安格爾剛在園子裡撒了鹿食。鹿一隻一隻從清清爽爽無葉的林間走出來。

「多好的生活。」安格爾說。

——聶華苓《鹿園情事》

多少人見到這一幕描述艷羨不已，但可知這樣安穩的生活並非唾手可得。在此之前，聶華苓所面對的是威權政治與白色恐怖，窗外的不是飄飄春雪，而是冷酷牢獄和同伴們手腳上的枷鎖。

國共戰爭紛擾，聶華苓於一九四九年來臺避亂，隨後經引介進入剛創刊不久的《自由中國》，擔任編輯委員與文藝欄主編。這份承載著臺灣民主進程的傳奇刊物，創辦時得到蔣政府的支持，但因其堅持主張自由主義思想，並從五〇年代開始發表社論、指出臺灣社會專政極權等諸多問題，逐漸受到當權者的打壓。一九六〇年，創刊人之一、也是引薦提拔聶華苓的恩師雷震多方奔走，試圖結合異議力量組建反對黨，卻因此被捕入獄；此後《自由中國》被禁，而彼時已身為人母的聶華苓，亦不時受到當局的監視，十分困擾。

高壓政治之下人是如此絕望，然而轉機也在不知不覺中產生。一九六三年，美國詩人保羅·安格爾（Paul Engle）應邀訪臺，會見並且邀請各國作家赴愛荷華大學「詩與小說創作班」，也在此機會下與聶華苓結識：「從那一刻起，每一天，華苓就在我心中，或是在我面前。」這樣的情話現在聽來有些肉麻，但在當時卻是可貴的救贖。

兩人交往期間，因著對於文學與寫作的相同愛好，開始籌備國際寫作計劃。曾經參加寫作計劃的香港作家董啟章，曾在文章中回憶過一段逸聞：「話說當年『墮入愛河』的保羅·安格爾和聶華苓在愛荷華河上泛舟，聶華苓忽發奇想，說：為甚麼不創辦一個國際寫作計劃，邀請世界各地的作家一起交流和創作？當時安格爾還說這是個『crazy idea』！想不到的是，當年的一個『瘋狂主意』，由兩個『文學瘋子』搞起來，終於成就了大事。」此後，每年都會有二、三十位來自各地的作家受邀參與。交流時間起初是半個學年，後來出於財力、人力的考慮，調整為三個月。參與寫作計劃的作家們，可以在愛荷華完全自主地寫作、討論、參觀、旅行……華人作家如丁玲、白先勇、余光中、北島、戴天、鍾曉陽、李怡等均曾受邀參與，諾獎得主奧罕．帕慕克、莫言也曾在愛荷華遊蕩過、寫作過，星光熠熠卻很低調。

一九七一年，四十六歲的聶華苓與安格爾成婚，雷震夫婦特意託人帶去一隻鼎作為賀禮，「鼎者重也，盛也」，動蕩中的情感更顯堅固。結婚後兩人把家安在愛荷華河邊的小山上，取名紅樓，開始了安穩而溫暖的生活。

一九九一年安格爾去世，聶華苓開始撰寫《鹿園情事》，記錄兩人共處的點滴。其中有一處回憶起一段對話，可愛而雋永：

「華苓，有一天，你要記住我的話：你高興的時候，我覺得你很有趣。就是你對我生氣的時候，我也覺得你很有趣。還有，你也要記住。」

安格爾調皮地望著我笑：「你的腦子很性感，你的身子很聰敏。」

「我們下輩子再結為夫妻，好不好？我作丈夫，你作妻子。」

「好。我喜歡女人。女人比男人可愛。」

一九七一年，聶華苓，四十六歲。距離與安格爾獲得諾貝爾和平獎提名，尚有五年。

西蒙波娃

失戀？大把路數！

Simone de Beauvoir

一九五四年，西蒙波娃（Simone de Beauvoir），四十六歲。

二次大戰結束後不久，女性地位普遍獲得提升，例如在美國，婦女不但在戰爭期間參與了男性的工作，一九四三年，美國陸軍航空隊更領先全球，組織了女子航空勤務飛行隊；在日本，女性亦終於一九四七年得到了選舉權。隨著女性地位提高，一九四九年，西蒙波娃四十一歲，出版了被譽為「女性主義聖經」的哲學巨著《第二性》（Le Deuxième Sexe），踏入不惑之年的波娃，在往後的十年間，不意迎來了她的豐收之期。

在《第二性》中，波娃不但論述了婦女在二次大戰之後的狀況，她對女人、男人，以及女性、男性差異的洞見，更深刻地影響了不少後來者。女人和男人固然是天性上的分別，但女性和男性，則是社會及文化建構出來的產物，波娃以「第二性」指示女性，其實是顛覆了大家對「第一性」的印象。

而戰後的世界，確實處處存在著顛覆。

也許在同一時間，也許在較後的時間，波娃著手創作她的長篇小說《名士風流》（Les Mandarins），並在《第二性》面世了五年之後正式出版，甫出版即奪得了法國最重要的文學獎，龔固爾文學獎（Prix Goncourt），成為該獎自設立以來，少數女性得獎者之一。

眾所周知，波娃與沙特（Jean-Paul Sartre）一直是生活上與靈魂上的伴侶，但就在《名士風流》中，波娃卻寫到自己被凱斯特勒勾引的情節。誰是凱斯特勒？他其實就是波娃的美國情人艾格林（Nelson Algren）。波娃與艾格林於一九四七年在美國芝加哥認識，不久二人即展開了美法兩地的越洋戀情，雖然只能靠書信聯繫，但他們卻愛得死去活來，波娃甚至說過：「我渴望能見你一面，但請你記得，我不會開口要求要見你，這不是因為驕傲，你知道在你面前我毫無驕傲可言，而是因為，惟有當你也想見我的時候，我們的見面才有意義。」

可惜，這段戀情在三年後卻因為艾格林選擇回到前妻身邊而告終。波娃藉著女主角安娜與男主角美國軍官的故事，側寫自己與艾格林從相識、相愛到分手的往事，某程度上，《名士風流》不但帶有自傳性質，從故事與細節處理之中，隱見波娃批判婚姻變成了權利與義務的代名詞，甚至認為夫妻為了符合社會與道德利益、而忠於對方的肉體是荒謬的行為，至此，《名士風流》更被視為《第二性》的延續。

二次大戰證明了左派知識分子的失敗，以及法國知識分子在現實世界中如何無能為力。與艾格林分手之後，神傷的波娃，與同樣神傷的戰後法國，以及戰後法國知識分子圈，幽幽地迎接面前的迷惘與失措——不過，波娃的迷濛期為時不久，因為一九五二年開始，波娃已經跟法國導演朗茲曼（Claude Lanzmann）生活在一起；而一九五八年，波娃又開始她另一自傳創作，看來她心情還好著呢。

一九五四年，西蒙波娃，四十六歲，距離沙特辭世、波娃出版自傳作品《告別儀式》，尚有二十六年。

吳爾芙

女人就是要有自己的房間

一九二八年，維珍尼亞．吳爾芙（Virginia Woolf），四十六歲。

這年的吳爾芙並不憂鬱。不悲傷，不追悔，亦不痛恨。事實上，一般對於吳爾芙的認知在這年幾乎都並不適用，她在此年出版了長篇小說《奧蘭朵》（Orlando：A Biography），被公認為吳爾芙一生寫得最易懂的小說，也是她處於好心情時寫下來的難得之作。

後世推斷，一九二八年吳爾芙正與她的閨中密友薇塔．薩克維爾－魏斯特（Vita Sackville-West）處於熱戀期，這段愛欲交纏的日子讓她的文學創作活潑激昂，《奧蘭朵》的故事與敘事語調輕鬆加愉快，我們所熟悉的吳爾芙絕筆「最親愛的：我感覺確切又要發瘋了」完全無法嵌入一九二八年的座標裡。而且，《奧蘭朵》的故事主角，正是以她的密友薇塔為原型的。

這時的吳爾芙已經享負盛名了，自六年前她突破自己開始挑戰長篇小說，寫出《雅各的房間》（Jacob's Room）後，陸陸續續寫出了《戴洛維夫人》（Mrs. Dalloway）、《燈塔行》等名著，那時英國文壇及現代主義流派已深刻察覺，吳爾芙是這時代不可忽視的文學之星。無論是技法還是小說所表達的思想，都讓吳爾芙在文壇的位置愈發穩固。結合四十六歲那年的好心情，她寫的《奧蘭朵》講的是一個美少年奧蘭朵（Orlando）從十七世紀活到一九二八年，他不斷穿越，從男身穿越到女身，無一例外的他／她都長得非常漂亮。具體來說初登場的他有多帥，就是「許多女士都等著向他示好。被傳出和他有婚事的就至少有三個名字」、故事剛開始他就帥得「曾被一位女王親吻」，而且還能穿越時空，忽男忽女雌雄同體，活過幾個世紀，所以結論就是，長得帥，真的可以為所欲為。

其實也有點偏頗，因為奧蘭朵在女身之時，仍受到社會的壓迫。後世不少評論家以酷兒理論去分析這部作品，它突破界線，探討性別流動議題，但這部小說絕不是吳爾芙四十六歲這年唯一的成就，且以小說中的一段話暫時作結以上話題：「一個人真正的生命長度，永遠是可以爭辯的事。因為這種計時是件困難的事，沒有比與任何藝術接觸更能迅速擾亂它的了。」就在同年十月，吳爾芙以「婦女與小說」為題在劍橋大學作了兩次演講，當中最膾炙人口的一番話，就是說：一個女人如果要寫作，就是要有五百英鎊的年收入（相當於當時的中產男性），以及擁有自己的房間。

作為一個連廁所都買不起的香港人，不用說要想像女性有自己的房間，我要有自己的櫥櫃就心滿意足了，像哈利波特。但所謂自己的房間，其實是一個比喻，那陣子吳爾芙演講的對象，是紐漢（Newnham）和「基爾頓」（Girton）兩個學院的女大學生，她以五百鎊與自己的房間為喻，指出女性需要有經濟與思想的獨立，不需依附於男性，在歷史舞臺上佔一席位。翌年，她將兩段演講改寫成女性主義研究者奉為經典的《自己的房間》（A Room of One's Own），直到今日仍是不朽之作。

吳爾芙強調的始終是女性自主，當女性仍然被壓抑在家庭裡，婚姻、家庭、生育都使女性的創造性被消磨殆盡，因此她強調史上傑出的女作家，如《簡愛》的夏綠蒂．勃朗特等，都是單身或不育女性。回到《奧蘭朵》裡雌雄同體的主角，其實吳爾芙渴望的，就是一個在寫作時可以變幻性別，自由奔放的靈魂。

當然我們還是記得，還可以琅琅上口，當她寫「最親愛的：我感覺確切又要發瘋了，我們不能再經歷一次類似的處境，而且我知道我這次不會再恢復」時，長年的創傷憂鬱將她壓向精神崩潰一途，她感到無法面對自己的生命及丈夫倫納德。但仍然要記得，四十六歲的吳爾芙，肯定熱愛生命，當她呼告著女性要獨立自主時，我們願意相信，她是快樂且有希望的。

一九二八年，維珍尼亞．吳爾芙，四十六歲。距離其完成遺作《幕間》（Between the Acts）完稿及投河自盡，尚有十三年。

陀思妥耶夫斯基

Fyodor Dostoevsky

逃債賭徒，
偉大白癡

一八六七年，陀思妥耶夫斯基（Fyodor Dostoevsky，臺譯杜斯妥也夫斯基），四十六歲。

十九世紀六〇年代，俄國正面臨著日益加劇的社會問題：勞動者貧困、高利貸猖獗、犯罪率劇烈上升……一八六六年，陀思妥耶夫斯基發表了長篇小說《罪與罰》（Crime and Punishment），就引起了俄國文壇的廣泛關注。小說裡的大學生拉斯柯尼科夫因貧困纏身，殺死了放高利貸的老太婆之後，產生的一連串精神擾攘也使得時人、後人為之震撼。

可誰想到，彼時陀氏本人也正經歷著人生中最艱難的問題之一——中年危機。

位於德國的巴特洪堡賭場，一百多年來人頭湧湧，地底卻也是「血跡斑斑」。現今賭場裡新設了一個酒吧，主人將其命名為「陀思妥耶夫斯基酒吧」，據說還放置了匾牌摘錄陀氏作品《賭徒》的片段；然而百餘年前，賭癮深重的陀思妥耶夫斯基曾在這裡輸光一切，是無數個黯然逃出賭場的其中一個失魂人。

一八六四年，因妻子與長兄相繼病故，陀思妥耶夫斯基開始沉迷於賭博，不久便傾家蕩產，借貸連連。債主們不斷向他追討（據說當時他身負三千盧布的債務），而無奈之下他只好四處漂泊以逃債。得知此消息，出版商斯捷洛夫斯基決定出價購買陀氏所有著作的版權，並向其約寫一部新的長篇小說，限時於半年內交稿。

陀思妥耶夫斯基別無他法，勉強答應，但正被癲癇病纏身、亦因債務人事而精神脆弱的他，在交稿前一個月仍是隻字未寫。在此情況下，他聘請了速記學校的學生安娜·斯妮特金娜作為助理，以口述的方式完成了《賭徒》一書，用時僅二十六天，最終按時交稿。而密切的工作也催生了兩人間的情愫，於是次年，亦即一八六七年，陀氏與安娜就交往並結婚。

《賭徒》中陀氏曾細緻地描述一個參與者的內心變化：「老實說，我不喜歡這種玩意兒……由於我自己狂熱地一心想贏錢，當我跨進賭場的時候，這種貪婪以及諸如此類的醜惡心裡可以說正中我的下懷。」而最後，賭徒懺悔、悲傷至極，而賭癮仍如同魔咒纏繞著他們的意識。一八六七年五月，陀氏再次走進巴特洪堡，又分文不剩地走出來，寫信給安娜討要住宿費和車費。而安娜好不容易籌集起來寄過去的錢，再度成為他的賭資……如此反復數次，再度負債累累的陀氏，只好選擇與妻子在歐洲各國漂泊。

然而這一段遊歷經驗，也讓陀思妥耶夫斯基見到了十九世紀後期歐洲的境況。一八六七年末，陀氏再次開始醞釀創作；一八六八年，小說《白癡》（The Idiot）出版，又一次引起了文學界的關注，純潔而光明的主角梅什金公爵引出了陀氏的典型理想，也是其創作上的一個不小轉變。在賭癮與文學癮作用之下，陀思妥耶夫斯基用精粹的三年，留給讀者們龐大的閱讀財富。

一八六七年，陀思妥耶夫斯基，四十六歲，距離寫《卡拉馬佐夫兄弟》（The Brothers Karamazov）第二部未竟而亡，尚有十四年。

凱魯亞克

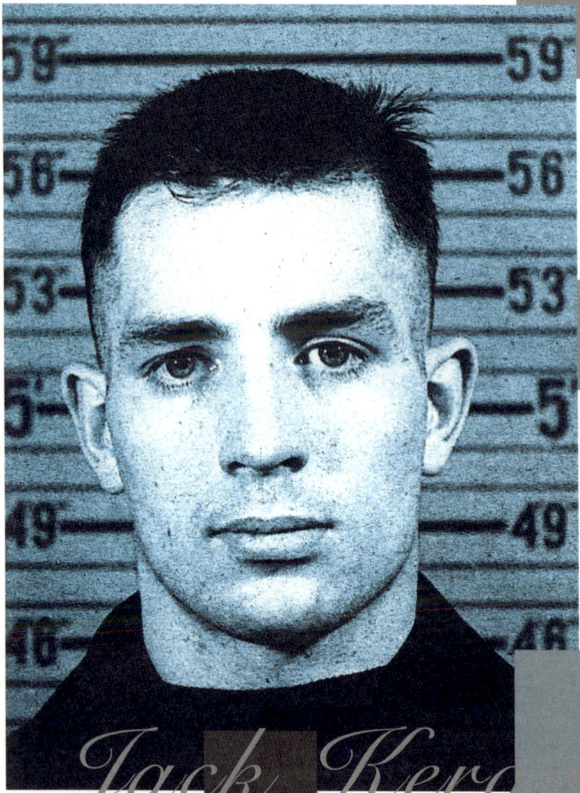

死亡一直很近，
我們永遠年輕

Jack Kerouac

一九六八年，傑克．凱魯亞克（Jack Kerouac），四十六歲。

我一輩子都喜歡跟著讓我有感覺有興趣的人，因為在我心目中，真正的人都是瘋瘋癲癲的，他們熱愛生活，愛聊天，畢露鋒芒，希望擁有一切，他們從不疲倦，從不講些平凡的東西，而是像奇妙的黃色羅馬煙火那樣不停地噴發火球，火花。

凱魯亞克的名作《在路上》（On the Road），使他成為垮掉一代（the beat generation）的「國王」（雖然他自己不是很喜歡這個稱謂），與艾倫．金斯堡（Allen Ginsberg）、威廉．柏洛茲（William Burroughs）等，影響了數代文藝青年。他們挑戰美國知識階層裡的權威和主流文化，成為美國史上第一個亞文化，實踐各種極端的生活方式，性交與安非他命成為日常生活的一部分——這一切都與死亡如此接近。

其實早在四歲時，凱魯亞克就曾直面過死亡——一九二六年，他的兄長傑拉德因病去世，給一家人帶來沉重的打擊。一九六三年，他創作的小說《傑拉德的幻想》（Visions of Gerard）正是記述哥哥去世前的情景，影響之大可想而知。亦有說凱魯亞克後來篤信佛教、相信來世，也與這童年的衝擊有莫大聯繫。

與死亡的親近，也讓凱魯亞克不太愛理會常理、規則。一九四三年，服役於美國海軍的凱魯亞克，就因常常躲在圖書館看書而被送去精神病院。從部隊出來後他便去了哥倫比亞大學，與威廉·巴勒斯、金斯堡、盧西·卡爾等朋友們聚會（這些朋友也都是後來垮掉一派的主要人物），討論文學宗教藝術，開始一段火花迸濺的思想豐盛期。

不久後，凱魯亞克再一次面對死亡——一九四六年父親離世，而這也激發他創作第一部小說《鎮與城》（The Town and the City）。這本書深受愛默生超驗主義、神秘主義的影響，帶有宿命論的悲劇色彩，儘管一開始銷量不佳，但奠定了此後凱魯亞克等一派人創作基調。

到五〇年代中後期，凱魯亞克關於生死的思考與創作更是到了高峰期。《在路上》中文譯者文楚安在序言中爬疏：「一九五四年至一九五七年算是凱魯亞克創作成果最豐碩的幾年。這時他醉心於閱讀佛教及禪宗經典（特別是大乘佛教），還寫了大量關於佛教感悟的手稿（都未出版）。長久縈繞在凱魯亞克頭腦中的一個問題是：上帝無處不在，但又似乎難以捉摸……一九五七年出版的詩集《墨西哥城布魯斯》（Mexico City Blues），更反映了他對人生重大問題（生與死）的思考。」此後，一九五七年的《在路上》、一九五八年的《達摩流浪者》（The Dharma Bums）的出版，讓讀者見到了一個上山下海、在畏懼與死亡陰影中爬出來的凱魯亞克，也是他留在大家心中最深刻、鮮明的樣子。

「生活本身是令人痛苦的，我們必須忍受各種災難，唯一的渴望就是能夠記住那些失落了的幸福和歡樂。我們曾經在生命中擁有這些幸福和歡樂。現在它們只能在死亡中才能重現（儘管我們不願承認這一點），但誰又願意去死呢？」然而一生酗酒的凱魯亞克，還是在四十七歲時就收到死神來信。關於那天早晨的描述是如此精細：一九六九年十月二十日上午，凱魯亞克坐在他最喜歡的椅子上，喝著威士忌和麥芽酒，彼時他正在寫一本關於他父親的書。然而不久後他突然感到噁心，走到浴室後便開始吐血，去往醫院後被診斷為肝硬化，出血無法停止，次日去世。

生命在最自在的狀態下中斷了，這一次，凱魯亞克埋身於真正的死亡。

一九六八年，凱魯亞克，四十六歲，距離 10,000 Maniacs 的歌曲〈Hey Jack Kerouac〉發布，尚有十九年。

虛度年華——世界文豪的那些年

編輯……虛詞@香港文學生活館
責任編輯……鄧小樺
執行編輯……余旼憙、黎國泳
文字校對……黎國泳、李卓謙
封面設計及內文排版……吳郁嫻

出版……二〇四六出版／一八四一出版有限公司
發行……遠足文化事業股份有限公司（讀書共和國出版集團）
社長……沈旭暉
總編輯……鄧小樺
地址……103臺北市大同區民生西路404號3樓
郵撥帳號……19504465 遠足文化事業股份有限公司
電子信箱……enquiry@the2046.com
Facebook……2046.press
Instagram……@2046.press

法律顧問……華洋法律事務所 蘇文生律師
印製……博客斯彩藝有限公司
出版日期……2025年4月初版一刷
定價……380元

ISBN 978-626-99238-7-8

虛度年華：世界文豪的那些年｜虛詞編｜初版｜臺北市｜二〇四六出版，一八四一出版有限公司出版｜遠足文化事業股份有限公司發行，2025.04 ｜ 336面；14.8*21公分｜ ISBN 978-626-99238-7-8(平裝)｜ 1.CST: 作家 2.CST: 傳記 3.CST: 世界文學 4.CST: 文學評論｜ 781.054 ｜ 114003949